JN087666

新興アジアの政治と経済

新興アジアの政治と経済（'24）

装丁デザイン：牧野剛士
本文デザイン：畑中　猛

s-78

まえがき

本書は，放送大学教養学部・社会と産業コースに設置される専門科目「新興アジアの政治と経済（'24)」の印刷教材（教科書）である。

新興アジアとは何か。政治体制が多様性でありつつも相互依存を深め，点としてではなく面として経済成長を実現し，同時に様々な問題を引きずりながら前進する地域，それが本書で議論する「新興アジア」である。日本は，他のアジア諸国と歴史的に密接な関わりをもってきた。特に2000年代以降にはグローバリゼーションの機運の中で，北東アジアのみならず東南アジア，そして南アジアとのヒト，モノ，カネ，情報の行き来に起因するつながりが深まってきた。人口規模からして，この地域は世界経済の原動力ともなっている。一方で，政治体制の面では民主主義から権威主義まで多様な政治体制が併存している。クーデターとイノベーションが同時発生するこの地域の，過去を尋ね，現状を見渡し，未来を想像することは日本に住む我々にとって欠かせない知的な作業である。

本科目の構想は，専門の異なる２名の研究者が，放送大学の白鳥潤一郎さんから声をかけてもらったところからはじまった。高木佑輔はフィリピン政治を専門としており，植民地支配からの独立と国家の建設という歴史的研究に取り組んだのち，近年ではインド太平洋という新たな地域概念のもとでの東南アジア外交の研究に取り組んでいる。伊藤亜聖は中国経済を専門としており，改革開放以降の高度成長をもたらしてきた民営企業の研究から着手し，近年ではデジタル経済の進展が幅広い新興国に与える影響に目を向けてきた。地域でいえば東南アジアと中国，分野でいえば政治と経済，という２つの面で専門分野が異なる２人が本科目の骨子を作り，ここに日本外交史を専門とする白鳥さんが日本との関わりという視点を持ち込んだ。

本書の特徴として３点を挙げられる。

第一に，政治と経済を一冊の教科書として取り上げたことである。アジア経済，あるいはアジア政治に絞って描くほうがより解像度の高い講義ができるかもしれない。しかし過去20年の間に，アジアでは政治面ではポピュリズムの台頭，軍事政権の再登場，米中対立の勃発といった事象が生じた。同時に経済面では中所得国化，イノベーションとデジタル化の進展，そして少子高齢化の深刻化が進んでいる。これらの事象を政治や経済のどちらかの側のみに絞って検討することもできる。しかしそれでは問題の広がりから目を背ける面もある。一例を挙げれば，ポピュリズムの台頭にはソーシャルネットワークサービスの普及も関係しているだろうし，米中対立の背後にはいうまでもなく中国での技術革新がある。政治と経済を少なくとも同じ机の上に置いて議論してみよう，というのが本書の一つの狙いである。

第二に，国別の章構成ではなく，論点（イシュー）で整理している。これは近年のアジア関連の教科書では比較的スタンダードなものである。その背後には，地域を横断して，共通するメカニズムの問題が生じている，という事実がある。本書ではその共通性を重点的に検討していく。ただし，個別の国々における歴史的な経験や制度的な独自性もまた大事な論点である。

第三の特徴は，論点を整理する際，これまでのアジア地域研究の蓄積を踏まえ，「違い」，「変化」，そして「つながり」に配慮したところにある。アジア研究は，西洋近代とは異なる地域としてのアジアの特徴をつかもうとするところからはじまったという意味で，「違い」に対して鋭敏であった。ただし，こうした違いを強調しすぎると，変化のない静態的なアジア観にとらわれる。本書の第1章，第2章と第5章では，新興国多発地域としてのアジアの独自性を強調しつつ，ハイブリッドに変容するアジアの特徴を，過度に単純化することなく捉えることを試みた。

実際のところ，アジア諸国の多くは近代化を経験し，経済成長を実現しつつある。こうした「変化」を捉えるため，経済面の変化を第3章で，政治面の変化を第4章であつかう。さらに，社会の変化として人口動態と格差の顕在化をそれぞれ第7章と第10章で，技術の変化をデジタル化として第9章で取り上げる。なお，第6章で取り上げた中所得国の罠は，こうした変化を阻害する論点といえる。

さらに，アジアの発展はアジア諸国の努力のみで実現したわけではないという認識の下，本書ではさまざまな「つながり」に注目した。第8章では，人的なつながりを体現する存在としての移民，第11章では，貿易と投資のつながりとしてのグローバル・バリュー・チェーン，第12章では，つながりが生み出す地域秩序，第13章では，そうした地域秩序に影響する米中対立，さらに第14章では，さまざまな人間の活動が地球環境にもたらす影響を捉えることを試みた。第15章の日本についての考察も，日本自身が多様なつながりの中にあることを意識している。

守備範囲の異なる研究者が集まればある地域の全体像を描けるのかというと，事はそれほど単純ではない。本教科書は，「二刀流」で日米の野球ファンを熱狂させている大谷翔平選手を目の当たりにして，気持ちだけは二刀流を目指す著者たちによる，新興アジアの政治と経済の一断面を切り取ろうとする試みである。

2023年9月

高木佑輔・伊藤亜聖

目次

1 なぜアジアなのか

高木佑輔・伊藤亜聖

《学習のポイント》

・グローバル・ヒストリーの視点からみたアジアの位置付けを学ぶ

・アジア地域をつないだ貿易の歴史と担い手の多様性を知り，アジア文化の混交性を学ぶ

・分岐と収れんについて考える

《キーワード》 新興国，グローバル・ヒストリー，経路依存性，アジア間貿易，収れんと分岐，マルサスの罠，近代化

1. 新興国多発地域としてのアジア

(1) 新興アジアとは何か

新興市場，新興経済あるいは新興国という言葉に関心が集まってきた（末廣 2014，恒川 2023）。議論をさかのぼれば，経済協力開発機構（OECD）が1979年に出版した報告書『新興工業国の挑戦』が第二次世界大戦後の新興国論の嚆矢（こうし）といえる（OECD 1979）。それ以来，時代毎に取り上げられる国や地域は変わってきたものの，変わらないものもある。それは，急速な経済成長と，その成長が世界経済とひいては国際秩序に与えうる影響への関心である。そもそも，同報告書の邦題は「挑戦」となっているが，英語の原題は「衝撃」であり，新興工業国の挑戦を受ける先進諸国への衝撃に関心があることが分かる。報告書冒頭は述べている。

「開発途上の世界において台頭するダイナミックで新しい製品輸出国が，先進工業国に動揺をもたらしている」（OECD 1979, i（訳は一部修正））。

OECDが取り上げた新興工業国は，南欧4か国（ギリシャ，ポルトガル，スペイン，ユーゴスラビア），ラテンアメリカ2か国（ブラジル，メキシコ）と「東南アジア」4か国（香港，韓国，シンガポール，台湾）であった。現在の感覚では，シンガポール以外を東南アジアと呼ぶのは違和感があるが，ひとまずOECDの地域区分に従っておこう。その後，南欧諸国は脱工業化して観光等のサービス産業重視の経済に代わり，ラテンアメリカ2か国は債務危機に陥った。このため工業化によって経済発展を実現する新興工業国とは，ほぼ新興アジアを意味することとなった（末廣 2014）。

2020年時点で改めて新興国を定義すると，やはり新興国はアジアに集中している（高木 2023）。新興国の政治経済を分析した恒川は，新興国の経済規模と成長率を考える指標として，①分析期間の米国経済の成長率を上回り，なおかつ②経済規模が米国経済の1％以上の2つの基準を満たした国を新興国と捉えた（恒川 2023；Tsunekawa 2019）。

1990年から2020年までの期間についてこの尺度を使い，世界銀行とアジア開発銀行のデータを整理すると，世界全体で25か国を抽出できる（香港と台湾を含む）。そこから，しばしば先進国であるか否かの指標とされるOECD加盟国（2021年時点）を除くと，17か国になる。この中には，東アジア3か国（中国，香港，台湾），南アジア3か国（インド，パキスタン，バングラデシュ），東南アジア5か国（インドネシア，タイ，フィリピン，マレーシア，シンガポール），中央アジア1か国（カザフスタン），西アジア2か国（イラン，アラブ首長国連邦）が含まれ，広域アジア以外の国はナイジェリアとエジプトのみである。さらにいえば，東アジアと南アジアで17か国のうち８か国に達する。

新興国がアジア地域に多い理由については，主に第３章で考察するとして，本章ではアジアとは何かについて，歴史を遡ることで考えていく。その際の視点としては，交易に着目し，グローバル・ヒストリーの知見を重視する。

（2） グローバル・ヒストリーの中のアジア

グローバル・ヒストリーは，東洋史や西洋史の区分，あるいはナショナル・ヒストリー（国史）や世界史を乗り越える歴史学の試みである。19世紀以来，多くの政府は国史を国民形成の主要なツールとして重視してきた。世界史もまた，自国史以外の諸国の歴史として位置付けられることが大半であった。一国史は必然的に近代国民国家の形成に論点が集約され，より長い歴史的スパンにおける議論や，境界を越えた人，モノ，カネ，さらには情報の広がりといった論点は脇に置かれてしまう。

こうした課題を乗り越えるため，日本政府は2022年度より，グローバル・ヒストリーの知見を取り入れた歴史総合を新科目として立ち上げるなど，従来の見方を乗り越える試みがはじまっている。

グローバル・ヒストリーの目指すものは国民国家の相対化だけではなく，国民国家単位とは異なる世界の動態を描く試みである。特に，日本におけるグローバル・ヒストリーの先駆者の一人杉原薫は，地域間比較の重要性を説いてきた。杉原の『世界史のなかの東アジアの奇跡』は，グローバル・ヒストリーをみる３つの視点を整理している（杉原 2020）。

第一が，世界各地がやがては西洋のような近代化の経路に収れんすると考える説（収れん説）である。第二が，収れん説とは反対に，世界の中心と周辺の格差は固定されているか，あるいは格差が拡大するような構造だとみなす説（構造説，あるいは構造主義）である。そして第三が，各地は異なる形で近代化の経路をたどり，独自の秩序再編を経験するという説（経路依存説）である。

一般的な言葉で置き換えれば，第一の収れん説は西洋化，あるいは欧米中心主義である。第二の構造説を唱えた重要な研究者の多くはアフリカやラテンアメリカの専門家であり，その意味では，アフリカ・ラテンアメリカ重視の見方である。この見方は独立直後のアジア諸国でも広く受容されたことから，途上国（かつての言葉でいえば「低開発諸国」）重視の見方といってもよい。それらに対し，第三の経路依存説はアジア，特に東北アジアと東南アジアを含む広義の東アジアの経験を重視したものである。杉原は第三の視点に立ち，東アジア各地がしばしば「奇跡」と形容される経済成長を経験してきたことに着目している。

本書がアジア，特に東アジアの新興経済に注目するのは，この地域が世界的にもまれな新興国多発地域であるからである。こうした新興国の登場は，在来の習慣を一掃して近代化が進んだという収れん仮説や，そもそも非西洋地域の経済成長を想定しない構造仮説という2つの仮説からは説明できない。

新興経済論は，特定の地域には固有の発展経路があるとする経路依存性を重視する。経路依存性に基づく議論は，何か一つの秩序が全世界を覆うような収れん仮説と異なりながら，各地域間の相互作用や秩序の再編を想定している。本書では，しばしば「埋め込まれた」という形容が登場するが，この言葉に込めるのは，新興経済が外の世界との関係に埋め込まれながら成長するイメージである。本書第11章で扱うグローバル・バリュー・チェーン論においても，実際に存在するのはリージョナル・バリュー・チェーンであるという指摘がある。また，本書第12章で参考にする国際政治経済学者ピーター・カッツェンスタインは，諸地域からなる世界として世界政治を捉えようとしている。

このような問題意識から，以下では，新興アジアが台頭する背景となる歴史的経路を明らかにする。

2. 「西洋の衝撃」以前のアジア間貿易と流動的でハイブリッドな社会

（1） 商業の世紀

アジア域内での相互貿易の歴史は古い。ヨーロッパによる植民地化以前，東アジアと南アジアをつなぐ東南アジア地域には活発な商業ネットワークが存在した。歴史家アンソニー・リードは，東南アジアが植民地化される以前，特に15世紀以降の時代について，商業の世紀という印象的な言葉で描いている（リード 2021）。

商業の世紀を支えたのは，季節によって風の向きが変わる貿易風であり，風に乗って移動する商人たちだった。風に乗って移動するということは，風待ちのため，港のある街に一定期間住む必要がある。東南アジア各地の港は，一時的，しばしば半年以上にわたって滞在する人々を含む流動性の高い港市世界の拠点となった。

港市は，今の中国，インド，アラブ世界をつなぐ貿易の中継地点として発展し，それぞれの地域からくる人々でにぎわった。特に，明朝の永楽帝と宣徳帝の治世下に行われた鄭和による海外遠征（1405～1433年までの間に計７回実施）は，東南アジア各地の港市と中国との結び付きを強める契機となった（弘末 2004，９頁）。中国商人は各地で華人コミュニティを形成し，中国との朝貢貿易を展開した。リードの調査によれば，1369年から1509年までの140年の間，シャム（後のタイ），チャンパ（後のベトナム）とジャワ（後のインドネシア）は，それぞれ計81回，85回，61回の朝貢使節を派遣したとされ，これら３つの港市と中国との強い結び付きを示している（リード 2021，105頁）。

ただし，東南アジア各地の港市は，北東アジアとのみ結び付いたわけではない。特に，鄭和を含む主要な遠征参加者がムスリムであったことも重要である（リード 2021，110頁）。元朝の末期，中国泉州に数千名の規模でいたムスリムたちが迫害され，東南アジア各地に逃げた結果，ムスリム商人のネットワークが東南アジアに広がっていた（リード 2021，160頁）。

北東アジアとのつながりは，東南アジア地域をインドの一部や西アジ

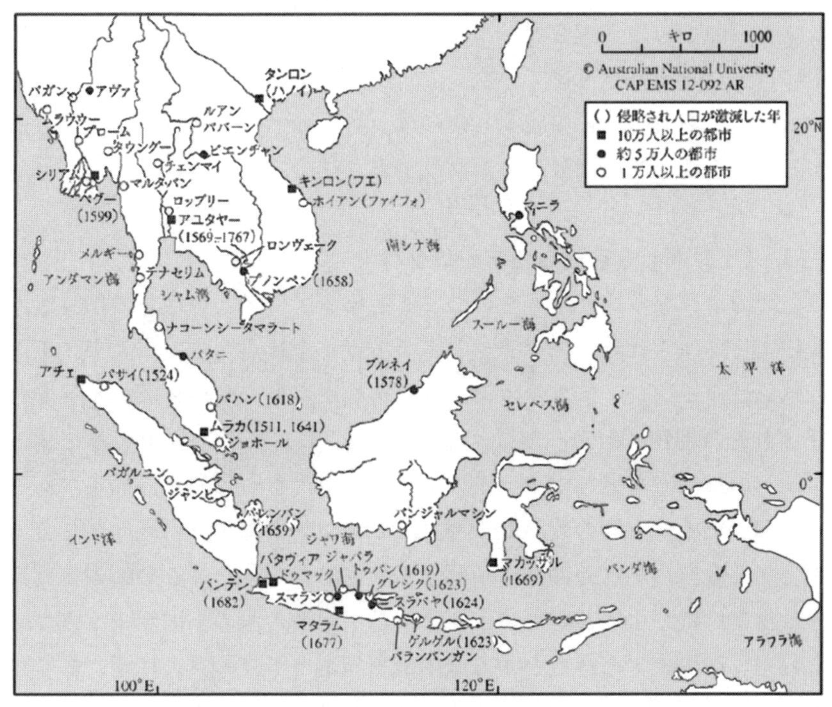

地図1－1　16-17世紀のピーク時における都市

出所：リード（2021），131頁。

アのイスラーム文明圏につなぐものでもあった。後に東南アジアといわれる地域には，現代のインドやオスマン帝国とのつながりの深いムスリムも存在した。例えば，マレー半島南西部のムラカで活躍したムスリム商人の多くは，インド南西部出身のグジャラート人であった。グジャラート人は，当時の地中海貿易の拠点の一つフィレンツェの商人も一目置くほど発達した商業習慣をもっていた（リード 2021，144頁）。

また，インド洋に面したスマトラ島東端のアチェは，インド系ムスリム商人の支援を受けるなどして発展した（リード 2021，168頁）。のちに東南アジアに進出したポルトガル人の攻勢に直面すると，アチェはオスマン帝国からの支援を引き出すことを試みるなど，イスラーム世界の中に自分たちを位置付けていた。

こうした商業の世紀に成立したのは，各種の信仰，地縁や血縁を包摂するような混交的な社会，ハイブリッドな社会であった。

（2）「インド」を目指したヨーロッパ人

上記のような多様な地域を一つにまとめるアジアという認識は，西洋人によって作られた。スペインとポルトガルを起点として，太平洋を西に進めば西インド，アフリカ南端の喜望峰から東に向かえば東インドと呼ばれた（羽田 2017）。英語の語彙では，イングランドからみてヨーロッパの東は，近東と中東，その先にインド，さらに先には極東がある。

当初，東インドとの貿易の中心は，オスマン帝国領を中継地として，ジェノバやベネチアの商人の活躍する地中海であった。この地中海貿易の独占に対抗しようとしたのが，イベリア半島の西の小国ポルトガルであった。ベネチアを拠点とする地中海貿易ネットワークの外縁にあったポルトガルは，インドからもたらされる香辛料を直接手に入れるべく，アフリカ大陸を大きく迂回してインドにいたる航路を探った。

1497年，バスコ・ダ・ガマを指揮官とする3隻の船団はリスボンを出発，翌年にはアフリカ東部のモザンビークに寄港，火力にものをいわせて水を奪い，死傷者をだしながら物資を強奪してインド洋をさらに北上した。後のケニア沿岸にある港湾都市を相次いで訪れ，そこで出会ったキリスト教徒の水先案内人の知恵を借りてインド西部カリカットにいたった。カリカットは香辛料貿易の拠点の一つであったが，ガマの持参した手土産はあまりに価値がなかったため，大きな商いになることはなかった。

一方，ガマがポルトガルにもたらした香辛料の価値は極めて大きく，1502年，20隻からなる大船団を組んで再度カリカットを目指した。それは貿易というより，武力を背景とする略奪と呼ぶべきものである。火力に勝るガマの船団は，民間人を虐殺しつつ，商館と要塞を建設し，ポルトガル領インドの建設のはじまりとなった。地図1-2にあるように，西はアフリカ東岸，東はマレー半島のマラッカに及ぶ地域の商業ネットワークに食い込んでいる。特に，インド洋西部では，カルタスという一種の通行証を発行して貿易の独占を試みるなど，単なる商人以上の存在になることを目指した。

ポルトガルの支配は上記の商館を結ぶネットワークと，その間の海の限定的な制海権に依拠するものであった。地図1-2が示すように，アラビア半島のアデンを抑えることはできず，インド洋西部全域を支配することもなかった。さらに，商館は要塞によって守る必要があり，駐在するポルトガル人の人件費や軍事費を考えると，海の支配のコストは甚大なものになった。また，インド洋東部やマラッカ海峡より東では通行証発行を通じた支配を確立することはできず，現地の商業ネットワークの一部という位置付けであった（羽田 2017，92頁）。

一方，ポルトガルによる東インド貿易は，ヨーロッパ諸国の商人たち

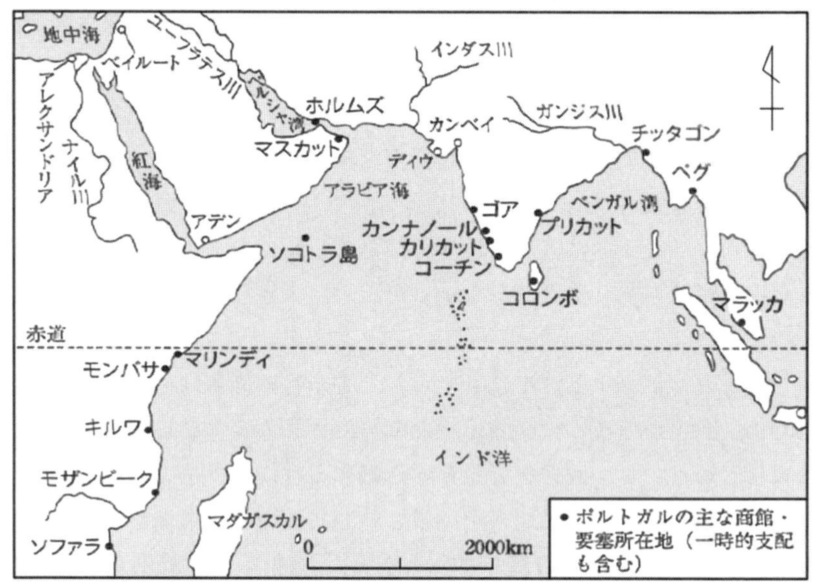

地図１－２　1520年ごろのポルトガル領インド

出所：羽田（2017），60頁。

の関心の的となった。1601年にはイングランドの商人たちが，1602年にはオランダの商人たちが，それぞれの東インド会社を設立した。

後にインドネシアとなる地域では，オランダ東インド会社の活動が目覚ましく，東南アジア東部，香辛料の産地であるマルク諸島（後のインドネシア領）に及んだ。また，当時隆盛を極めていたジャワ島のバンテン王国と争い，バンテンの東の港を新たに開発し，バタヴィアに要塞を建設，後のジャカルタの基礎を築いた（羽田 2017，95頁）。さらに，航海の自由を謳ったマカッサル王国を滅ぼし，マラッカのポルトガル勢力を追い落とし，さらにアンボイナ島（後のインドネシア領アンボン）のイギリス東インド会社の拠点を攻撃し，大半の香辛料貿易を独占した（羽田 2017，100頁）。

このアンボイナ事件を一つの契機として，イギリスはインド大陸における影響力強化を図るようになった（羽田 2017，100-103頁）。特に，東南アジアで引き合いの強い良質な綿製品を産出する東南部に関与を強め，1639年にはマドラスに拠点を置いた。イギリスのマドラス拠点は，ポルトガルのマラッカ占領やオランダのバタヴィア建設とは異なり，現地の勢力からの招聘に基づくものだったという。当時のインドの王権は海上交易に強い関心をもたず，ヨーロッパ人に対しても，貿易風に乗って現れる数多い商人集団の一つという認識であったと考えられる（羽田 2017，104頁）。なお，マドラスを含む南インドからは，後のマレーシアの一部となる海峡植民地（ペナン，マラッカ，シンガポール）の各地に渡航する労働者が増大し，マレーシアの多民族社会の起源の一つとなった（篠崎 2017，99頁）。

ポルトガル，オランダやイギリスの東インド会社は，圧倒的な火力を背景に各地に拠点を築いた。しかしながら，本国から遠く離れたインド洋沿岸や東南アジア各地の内陸まで支配を貫徹したわけではない。また，商業ネットワーク全体を支配したというよりは，ネットワークに参入したというのがより正確である。「西洋の衝撃」は，すでにあった商業ネットワークをさらに重層化することにつながった。

（３）　華人の世紀とハイブリッド（混交）社会

明清交代の時代，多くの華人が東南アジア地域に移住した。清を建国した満州人が，事実上の海上帝国を築きつつあった鄭成功の勢力を滅ぼすため，海上貿易を禁止，沿岸部を無人化する政策をとったためである。その結果，1700年にはおよそ３万人に上る明の遺臣が今のベトナム南部を中心とする広南国にわたった。当時の広南国は，南部のメコン・デルタ開発に中国人を利用した（リード 2021，291頁）。なお，デルタとは河川の河口部に発生する三角州であり，アジア各地で水田に利用されるようになった。

バンコクのチャクリー王朝も，チャオプラヤ・デルタの開発に中国人移民を利用した（リード 2021，301頁）。また，18世紀に入って清朝の出入国規制が緩和されたことにより，新たに中国人が東南アジアのフロンティアを目指して移住した。特に，マレーシアとインドネシアのスズ産業はこの時代の中国人移民の産物であったという（リード 2021，301-306頁）。

ただし，こうした中国人移民について，中国の王朝による侵略や国策に基づく入植とは考えられない。理論上，東南アジアに進出した華人は，新世界に渡った白人と同じように，東南アジアに中国の植民地を作る可能性も考えられる。しかし，実際の歴史は中国人植民地建設とは程遠いものになった。

中国本国と華人の結び付きが弱い理由を考えると，華人を送り出した明や清の王朝と華人との関係の特徴が浮かび上がる（ポメランツ 2015）。明清交代期に東南アジアに渡った華人が典型的だが，こうした華人は満州人主体の清王朝に対する敵意をもち，明の遺臣として自己を定義する傾向にあった。また，清は長く在外の華人に関心をもたず，華人は，出身国の後ろ盾の全くないまま新生活を切り開いていった。

さらに，1840年代の中国沿岸部では，海外渡航した華人を富裕層とみなし，ゆすり，たかりや強盗などの対象とみなす認識も広まっていた。華人についての言説でしばしば強調される同郷ネットワークについても，一方では，移民の際の伝手ともなったが，他方で同郷者に騙される事例もしばしば記録されていた（篠崎 2017）。現代でも，中国と東南アジアとの深いつながりの象徴として，東南アジアに住む華僑・華人の存在が取りざたされることがあるが，「深い」つながりを，だれが，どのように利用するかの答えは所与ではない。

華人のうち，都市に住んだ人々の中には，中間層を形成する人々も登場した（リード 2021，427-428頁）。特に，現地の女性との間に生まれた子供たちの中には，現地でナショナリズムの担い手となる層も少なくなかった。例えば，スペイン領フィリピンでは，現地人と結婚した中国人の子供をメスティソとして，「インド」人（原住民）と区別した。メスティソには，スペイン人と現地人との結婚によって生まれた子供たちも含まれた。スペイン領フィリピンでは，キリスト教の布教が重視されていたこともあり，メスティソは，キリスト教徒（カトリック）となり，現地社会に一体化していった。他方，宗主国においてプロテスタントが主流である英領マラヤや蘭領東インドでは，大規模なキリスト教の布教が行われることはなく，プラナカンと呼ばれる現地化した華人たちは，現地人からは法律的にも区分された。

華人の広がりは，平面的な中国の影響圏の拡大にはつながらず，もともと流動的かつ多層的だった東南アジア各地の港市社会の複雑さを増す要因になった。

3. 大分岐と小分岐

（1） 工業化にいたる『大分岐』

「新興」経済，「新興」アジアという言葉は，非西洋地域の経済成長はそれ自体がニュースであるという認識があって初めて成立する。アジアの経済が成長することが「新しい」とされるのは，そもそも近代経済は西洋由来のものであるという認識ゆえである。それではなぜ西洋は近代化したのだろうか。

近代化の経済面での指標は，しばしば工業化であり，産業革命に注目が集まった。経済史家ケネス・ポメランツは，その主著『大分岐』において，西洋がその他の地域から分岐し，産業革命を実現，さらに工業化の軌道に乗ったのは通説よりもはるかに遅く，1800年ごろだと論じた（ポメランツ 2015）。彼は，人口の増大が土地の不足を招くという生態環境上の制約を強調するマルサスの議論（通称，マルサスの罠）を重視し，西洋がどのようにマルサスの罠を脱出したのかに焦点を当てる。彼によれば，イングランドは，その近郊で発見された石炭と，南北アメリカからなる新世界のもたらした多様な機会によって生態環境上の突破口を見い出した。この主張は，プロテスタンティズムから導かれる独特な職業道徳（マックス・ウェーバー説）や，遠隔地貿易を行ったゆえに発展した金融制度のような西洋内部の要因を強調する主張（ダグラス・ノース説）とは一線を画する論争的なものである。

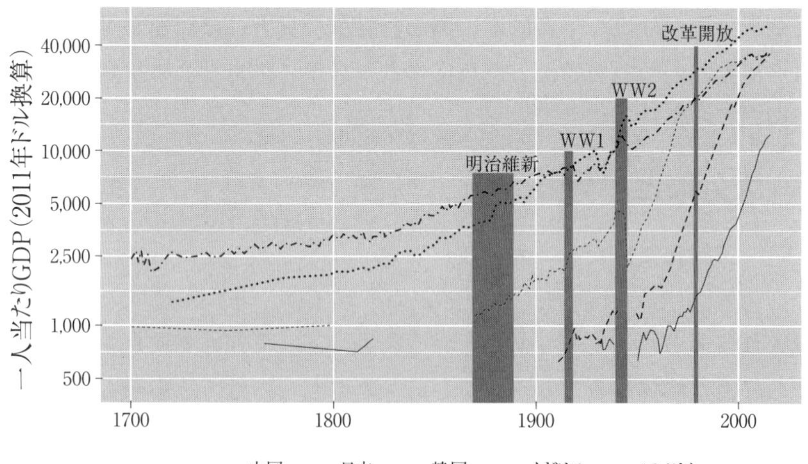

図 1－1　経済発展水準の比較（1700-2016）

出所：Bolt et al.（2018）の Maddison Project Database, version 2018データより伊藤亜聖作図。

産業革命の歴史では，必ず石炭が登場する。しかし中国東北部にも大量に石炭が埋蔵されていたこと，それにもかかわらず利用されなかったことはあまり議論されてこなかった。ポメランツによれば，イングランドの石炭は水を含む地層にあったために扱いが比較的容易だったが，中国の石炭は極度に乾燥した地層にあり，常に自然発火の可能性があり，扱いが困難だった。また，イングランドの炭鉱が経済活動の中核地帯の近郊に広がっていたのに対し，中国の場合，主な炭鉱は北西部に集中しており，当時の経済活動の中核であった長江から遠く離れていたゆえ，中国では石炭が本格的に利用されることはなかったという。石炭の利用が遅れたため，中国，あるいは江戸時代の日本においても，農業と商業は一定の発展をみたものの，増大する人口を養うだけの生態環境上の突破口が見い出せなかったという。

生態環境上の突破口のもう一つは，南北アメリカからなる新世界であった。まず，ヨーロッパからの移民が持ち込んだ病原菌により，新世界の人口が大幅に減少したこと，それを補うようにアフリカからの奴隷を大量に使役したことが強調される。また，19世紀以降には，新世界はヨーロッパからの移民を引き受けることで，西ヨーロッパ各地の生態環境上の制約を緩和することにも貢献した。

生態環境上の制約を乗り越えるだけでヨーロッパが覇権を確立したわけではない。奴隷労働の生み出した綿花を使って，安く大量に製造した繊維製品をアジア市場に輸出することは簡単ではなかった。貿易を提案された清の乾隆帝は，中国に必要なものはすべて中国にあり，ヨーロッパとの交易は必要ないと拒絶したのは有名な話である（ポメランツ 2015，169頁）。当初，イギリスは急増する茶葉の需要を賄うため，中国に銀を輸出し続けることになったが，銀の流出を懸念したため，インドで抽出したアヘンとお茶の交換を重視するようになったことがアヘン戦争のきっかけである。

アヘン戦争のころまでには，産業革命を経た大英帝国の国力は最盛期を迎えており，いわゆるパクス・ブリタニカの時代を迎えた（ケネディ 2020，293-333頁）。パクス・ブリタニカの時代以降，アジアでは植民地化が本格化していくが，これについては第2章で詳述する。

（2） アジアの中の小分岐―新興国としての明治日本

アヘン戦争とペリー来航による衝撃から，明治維新，廃藩置県と不平等条約改正にいたる明治日本の経験について，上記の『大分岐』論に基づいて何がいえるだろうか。経済史家斎藤修は，『大分岐』をヨーロッパとアジアの分岐という風に読み替えることの問題を指摘する。

斎藤が強調するのは徳川日本の事例である（斎藤 2013）。斎藤は，スチュアート朝イングランドと徳川日本について，社会階層を3つに分類して所得を比較している。それによれば，通説の示す通り，イングランドには分厚い中間層がいたことが明らかである一方，徳川日本の下位所得層は，イングランドの下位所得層に比肩しても「豊か」であり，徳川日本が所得の面で平等な社会を実現していたことを明らかにした。明治維新を主導する志士の多くが下級武士であったというが，身分の区別は明確だった一方，所得の上での差が小さかったとすれば，明治維新を支える社会経済的な条件として見過ごすことはできない。

明治日本は，幕末に猛威を振るった攘夷派を退け，開国の道を進む。特に，維新からわずか3年後には，政府首脳の大半が遣欧使節として欧米に現地調査に旅立った。その結果，性急な領土拡張よりも，富国強兵に基づく近代化が指向された。その後，日清戦争に勝利したのち，日英同盟を結び，日露戦争に勝利した。さらに，1911年には不平等条約の改定に成功した。

明治政府の経済政策としては，しばしば殖産興業政策に基づく工業化が取り上げられるが，工業化に加えて重要なのは，アジア間交易に積極的に参入した点である（杉原 1996）。日本とインドは，当時のアジアで最も工業化が進んでいたとされるが，いずれも欧米との貿易という意味では，第一次産品を輸出，工業品を輸入するという典型的な植民地型の貿易構造であった。

ここで，アジア間の貿易に目を向けると，綿業を基軸とするアジア内国際分業体制の存在が浮かび上がる。この体制は，日印の農村における余剰労働力を引き出した紡績業の発展により，インド産綿花の需要拡大と，日本製綿布の輸出拡大につながった。日本の場合，余剰労働力を超えた一次産品輸出に特化して分業が生じない植民地経済とは異なり，分業の拡大による成長の契機を内包した。一方，日印貿易を含むアジア間交易は，自給できないプランテーション農業輸出地域における生活必需品の需要拡大に依存しており，欧米諸国への一次産品輸出の拡大とアジア間交易の拡大は同時に進行した。この点に基づき，杉原は，アジア間交易とは，アジア間で閉じた交易ではなく，欧州諸国の植民地支配から完全に自律してはいなかったとする（杉原 1996）。本書の視角に引き付ければ，アジア間交易は，欧州諸国の植民地支配構造の中に埋め込まれていたことになる。

ただし，世界恐慌後に日本国内で軍部が台頭すると，こうした国際化路線は大きく修正された。吉田茂が「回顧する」ように，当時の軍人は，「使命感にあふれていた。しかし，世界の状況には暗かった」（吉田 1999，54頁　※本書解説において，編集者粕谷一希は，同書が『宰相吉田茂』の著者である国際政治学者高坂正堯による代筆であろうと指摘している）。こうした事態を象徴するのは，満州事変後の国際連盟脱退である。さらに，相次ぐ要人暗殺も，国際社会からの日本の断絶を象徴した。特に，日露戦争を金融面で支えた高橋是清や井上準之助が暗殺されたことは，日本が世界から一段と孤立していくことを象徴する事件となった（三谷 2009）。大東亜の解放といいながら，現実には日本的な支配を独りよがりに強要したというのが実態であり，戦前にもっていた国際社会に対する理解，さらには国際社会の中の日本の位置付けについての理解が活かされることはなかった。

アジア地域が再び脚光を浴びるのは第二次世界大戦後，日本の急速な経済成長，韓国，台湾，香港やシンガポールといったアジア新興工業国の台頭，そして高実績アジア経済やそれらに続く中国をはじめとする新興国の高成長が生じた20世紀後半から21世紀にかけての時期である。これらの時期，いかに成長が実現したのかについては第３章で詳述する。

2 新興アジアの源流

高木佑輔・伊藤亜聖

《学習のポイント》
・政治と経済を特徴付ける制度としての国家と市場の特徴とその起源を理解する
・新興アジア台頭の歴史的背景として，植民地経験，政治的独立，そして経済ナショナリズムについて理解する

《キーワード》 近代国家，国民国家，埋め込まれた市場，植民地支配，植民地国家，ナショナリズム，独立と脱植民地化

1．国家と市場

（1） ヨーロッパにおける国家形成

本書では，新興アジアを舞台とした政治と経済をそれぞれに描きつつ，両者の関係やつながりも解説していく。本章では政治と経済を考えるうえでの基本的な概念と近現代史を確認しておく。

政治と経済は，それぞれ国家と市場という制度に支えられている。国家について，政治学において標準的な定義は，ある一定の領域で正統性をもって物理的な暴力行使を独占する行為主体というマックス・ウェーバーのものである（ウェーバー 2009）。こうした近代国家は，ヨーロッパにおいて同時多発的に誕生したことから，近代国家形成の議論は長らくヨーロッパの経験を前提として論じられてきた（Tilly 1992）。

中世から近代にいたる間，ヨーロッパには3つの政治体制が存在した。まず，中欧や東欧を中心に，ハプスブルク帝国やロマノフ王朝（後のロ

シア帝国）など，農奴に対する強権的な支配を前提とする帝国があった。次に，地中海や北海沿岸には，ベネチアやジェノバ，ハンザ同盟の諸都市など交易により資本を蓄積した都市国家があった。最後に，戦争を繰り返しながら，資本も一定の蓄積をしたイギリスやフランスのような国民国家（本文は，national state だが，ここでは煩雑さを避けるために国民国家とする）が存在した。歴史を振り返ると，強権的な帝国は人的資本を空費し，都市国家は資本の投資先を見失っていった。そして軍事力と資本の双方をバランスよく蓄積した国民国家が最も効率的な政治システムとして生き残った。この国民国家を支えたのが，一定の教育を受け，身分ではなく能力に基づいて試験で採用され，昇進を繰り返す文民と軍人からなる官僚制であった（Tilly 1992）。

（2） 埋め込まれた市場

「市場とは，取引あるいは売買のために人々が出会う場所である」（ポラニー 2009，99頁）。これについて，アダム・スミスの有名な言葉を好む人々は「見えざる手」という言葉を強調する。そして，個人が自分の幸せのために行動すれば，社会全体ではあたかも「見えざる手」が差配しているかのように調整がなされ，資源が効率的に配分されると想定する。しかしながら，スミス自身は，『道徳感情論』において，市場活動は参加者の間に共感が成り立つような人間関係があって初めて成立することを強調していた（スミス 2014）。

19世紀のイギリスの事例を踏まえ，経済活動が社会生活の中に埋め込まれていることを強調したのがカール・ポラニーの古典『大転換』である（ポラニー 2009）。ポラニーは，各地で定期的に開催される市や，東インド会社が組織したような遠隔地交易と，近代的な意味での市場を区別し，後者を自己調整的市場と呼んだ。各地の市や遠隔地交易は，社会活動の中に埋め込まれていたが，産業革命により大型の投資を前提とする工場による生産活動が恒常化することで変化が生じた。工場生産を進めるべく，労働，土地や貨幣までが商品化され，それぞれ賃金，地代と利子という形で価格が付いた。その結果，これまで社会に埋め込まれていたはずの市場が自立し，社会が自己調整的な市場にむしろ従属する状態を生み出した。社会と市場の立場の逆転，これがポラニーのいう「大転換」の一つの特徴である。

ただしポラニーの考察はここで止まらない。ポラニーは，自己調整的な市場について，「悪魔のひき臼」とまでいいながらも，人間社会が完全に市場に従属したとはみなさず，市場原理の拡大とそれに対する抵抗からなる二重運動に注目した。19世紀半ば以降，自己調整的な市場の弊害が顕在化した結果，各種の社会立法，穀物関税と工業関税を手段とする保護主義，そして金融市場を管理する中央銀行制度が徐々に整備されていった。税金を主な財源とする社会立法の整備は，いわゆる「夜警国家」から行政国家への転換を意味した。加えて中央銀行の成立により，金本位制による調整ではなく，各国毎にマクロ経済管理がなされることになった。

さらにポラニーは，大転換の結果，欧米諸国では福祉国家が成立したのに対し，ドイツやイタリアでは全体主義国家（ファシズム）が，ソ連では社会主義国家が生まれたとし，夜警国家中心の19世紀文明の崩壊を強調した。

(3)　国家と市場から制度論へ

第二次世界大戦後，ケインズ経済学に基づく財政政策や福祉国家の整備が進むと，政府の財政収支の帳尻が合わなくなっていき，税制改革が一つの焦点となった。その結果，「政府が問題を解決するのではなく，政府こそが問題なのだ」という「小さな政府」論者が台頭した。この点を踏まえ，国家と市場の関係について，両者を二項対立的にみる議論もある。例えば，新自由主義思想の伝播を扱った有名な書籍の日本語訳は『市場対国家』となっている（なお，原著の主題は，管制高地）（ヤーギン，スタニスロー 2001）。

一方，政治学と経済学の双方で制度の役割が重視されるようになって以降，国家と市場を二項対立的にみる見方の限界が指摘されてきた。また，冷戦期には市場経済と一括りにされていた資本主義陣営の経済構造について，主に英米系の経済構造と，大陸欧州及び日本の経済構造の違いに関心が集まった。ホールとソスキスは，前者を自由市場経済，後者を調整市場経済として区別した（Hall and Soskice 2001）。自由市場経済では，資金調達面で株式市場が重視されることに加え，流動性の高い労働市場を含む市場一般における価格シグナルにより企業活動の結果が左右される。一方，調整市場経済においては，銀行からの融資が重視され，企業と組合との交渉に基づく労使関係にみられるように，各利害関係者間の相互交渉に基づく調整が重視される。こうした違いを説明するのは，それぞれの経済行動を特徴付ける制度の成り立ちである。

東アジアの経済成長についても，例えば日本の通商産業省の役割のみを強調するような議論（第5章で紹介する開発国家論）もあるが，主流派は政府と市場の相互作用に関心を移してきた。例えば，東アジアの経済成長を分析した世界銀行は，市場友好的な政策をとる政府の役割を重視している（World Bank 1993）。また，この世界銀行の研究を踏まえて研究を進めた青木昌彦らは，「市場拡張型政策」こそが，東アジアの成長を可能にしたと主張する（青木・金・奥野（藤原）1997）。いずれにおいても，市場メカニズムを理解し，それを促進しようとする政府の政策の役割を重視する点で，国家か市場かではなく，国家と市場の関係性そのものが分析対象として認識されてきた。

2. 植民地アジアにおける国家と市場

（1） 近代化改革の挫折と植民地支配

１節でまとめたようなヨーロッパの経験のみを強調する議論の見直しが進んでいる。例えば，国家形成について，フランシス・フクヤマは，中国の秦の国家建設に注目している（フクヤマ 2013，６章と７章）。当時繰り返された戦争により，地縁や血縁ではなく，能力主義に基づく官僚制が成立したとする（フクヤマ 2013，173頁）。さらに，学知を誇る諸子百家について，２つの役割を特筆している。一つには，法家が，官僚機構整備を正統化したこと（フクヤマ 2013，176-182頁）。もう一つには，諸子百家が旅をつづけたことで，一定の知識を共有するエリートの紐帯が生まれ，中国ナショナリズムの原型が生まれた（フクヤマ 2013，176頁）。

ただし，官僚機構の成立は法の支配の確立と同義ではなかった。官僚機構の整備の裏返しに，世襲に基づく貴族制度が弱体化し，王権が肥大化した。また，法家の思想は，血縁・世襲主義を批判する思想ではあるが，王権を縛る法の支配とは異なっていた（フクヤマ 2013，182頁）。

19世紀，科挙官僚制を近代官僚制に作り替える試みがみられたものの，改革派が実験を握る前にアヘン戦争と日清戦争により清王朝の統治能力は決定的に衰退した。この戦争の後，中国は列強により分断されることとなった。中国共産党のいう「恥辱の100年」のはじまりである。

19世紀末以降，英仏が中国のみならず東南アジア各地の植民地化を本格化し，帝国主義の時代を迎えた（リード 2021，402頁）。この時期，電信用ケーブル，鉄道，スエズ運河の開通や蒸気船航路の開拓などの技術開発が帝国主義を後押しした。幕末に米欧を視察した福沢諭吉の『西洋事情』には政治制度や金融制度に加えて，電信網や蒸気機関といった技術への言及が目立っていた。1900年ごろには，蒸気船による郵便事業が今のインドネシア各地を結ぶなど，近代国家のインフラを形作っていった（リード 2021，404頁）。

18世紀のナポレオン戦争後，徐々に大英帝国がその力を広げていくと，東南アジアにおいてもヨーロッパ各国の領有権争いが顕在化していく。特に，1824年の英蘭ロンドン条約は，マラッカ海峡を挟んで繁栄してきたムラユ人の王国を２つに解体し，後のマレーシアとインドネシアの間を半永久的に分断した。さらに，蘭領東インドでは，強制栽培制度とよばれる新制度が導入された。これは，それまで栽培していた自給用のコメ栽培を禁じ，換金作物栽培を強要，さらにその換金作物を人為的に低い価格で買い上げる制度であった。この制度の結果，それまで自給できていた農民の窮乏化が進んだ（リード 2021，423頁）。

大陸東南アジアにおいては，２つの王朝が明確に近代化を目指したものの，その結末は全く異なるものになった。まず，シャムではチャクリー王朝が近代化を目指した。モンクット王は，太平天国の乱で乱れる中国の様子を朝貢使節から聞くに及び，朝貢をやめ，英国に接近した。最後の朝貢使節は，シャムが「小国」であるから，欧米諸国のように宮殿に入ることを許さなかった中国の態度に失望したことが指摘されている（リード 2021，342頁）。

他方，ビルマのミンドン王の改革は，チャクリー改革のようにうまくいかなかった。その理由として，すでに19世紀初頭に英国により河口部の領土を切り取られてイラワジ河デルタのコメ増産からの利益を得られなかったこと，シャムと違い，アヘン，賭博やアルコールなどを全面的に禁じた結果，中国人による徴税請負を財源確保の手段とできなかったことが指摘されている（リード 2021，350頁）。19世紀，ビルマはイギリスと3度戦い，そのすべてに敗れ，1885年には王国が滅亡した。

19世紀に進んだ領土の相次ぐ割譲や植民地化の経験は，第二次世界大戦をきっかけに独立した多くの新興アジア諸国が，ナショナリズム，非同盟中立の立場を強調するようになる歴史的背景となる。

（2）植民地支配による経済構造の変容

植民地支配は現地経済に多面的な影響を与えた。いわゆる自給自足の経済から貨幣経済への変質に加えて，プランテーション経済が拡大し，二重経済の形成につながった。都市では，商業を担う都市中間層が台頭した一方，農村では，自作農がプランテーションで働く農業労働者となって困窮化が進み，両者は希薄な関係しかもちえなかった。

第一に，それまでは自活していた農家に対し，輸出できる作物の栽培を強制することが試みられた。19世紀，ヨーロッパにおいても東南アジアにおいても一定の人口増がみられたが，ヨーロッパが，工業化と都市化で増大人口を吸収したのに対し，東南アジアは農村にとどまるかプランテーションで農業労働者となり，農民が自律性を失った（リード 2021，422頁）。都市化が進まなかった背景には，工業化の遅れに加え，都市の衛生状況の悪さもあった（リード 2021，439頁）。その結果，東南アジア各地では脱都市化が進み，それが反転しはじめるのは1920年代以降とされる（リード 2021，425頁）。

農村におけるプランテーションの拡大は，都市における複合社会の形成と重なるように展開した。この時期の植民地都市では，フィリピンを除き，人種が階級の壁と重なり，現地人の中間層は台頭しなかった（リード 2021，427，576頁）。壁を超えたのは，華人，メスティソやプラナカン，そしてタイの華人系タイ人であった（リード 2021，604頁）。またビルマやラオスではインド系が，ラオスとカンボジアではベトナム人が，「起業家階級」として一定の役割を果たした（リード 2021，429，501頁）。こうした都市中間層と農民の交流は希薄であり，両者の間の結婚などもほとんどみられず，独立後につながる人種対立の基礎を生み出した。

（3） 植民地国家建設と反植民地ナショナリズム

市場経済拡大の反動として社会政策が拡充したように，植民地支配の拡大は，反動としての反植民地ナショナリズムを醸成した。反植民地ナショナリズムは，教育と外国生活の2つが契機となって立ち上がった。

欧米諸国では，自由主義経済に対する防衛として行政国家建設が進んだ一方，植民地では収奪を効率的に行うために植民地官僚制が整備された。特に，現金経済の拡大は，植民地経営に関わる現地人に対する需要拡大につながった。宗主国の支配方針が揺らいでいたフィリピン植民地は，植民地当局の意向とは関係のない民間資本の学校を含め，教育機会が拡充した。

教育機会拡充の意図せざる結果が反植民地ナショナリズムであった。地元の小学校にはじまり，近隣の中等教育校，植民地の首都に置かれた大学に連なる教育制度を経験するうちに，子どもは家族や親族とは異なる人間関係に出会う。さらに，植民地官僚となった子弟たちは，下級役人として，植民地各地を転々としながら生活する。多くが，植民地に生まれた白人や，有力な家族の子弟であった植民地官僚は，自分たちの親たちとは異なる社会生活を体験し，異なる自意識を醸成する。植民地官僚制の下では出世の道は一定の場所で途絶え，能力主義とは程遠いようにみえる白人官僚に仕える中で不満を募らせる。植民地国家が生み出すキャリアパスは，まるで宗教的な「巡礼」の旅のように，反植民地ナショナリズムを生み出すことになる（アンダーソン 2007）。

ナショナリズム論の古典の一つとなった『想像の共同体』の日本語訳では，ナショナリズムには国民主義の訳語が当てられている。それは，アンダーソンのいう「巡礼」の結果生まれるのは，それまで存在していなかった新たなアイデンティティとしての国民だからである。スペイン領フィリピンの最高学府であるサントトマス大学には，フィリピン生まれのスペイン人，スペイン人と現地人との子ども（メスティソ）や，中国人と現地人との子ども（メスティソ）などが通った。特に，フィリピン生まれのスペイン人からすれば，同じくスペイン語を話す自分たちが，なぜかスペイン本国から来た人間と同列に扱われないという不満が蓄積した。フィリピン生まれのスペイン人の自己意識こそ，民族とは異なる国民としてのフィリピン人意識のはじまりであった。

アンダーソンの巡礼は，比ゆ的な表現だが，実際に外国生活の中で反植民地ナショナリズムを涵養したのが孫文，ガンジーやホーチミンであった（古田 1996）。孫文は，ハワイ，日本や英領マラヤなど各地に滞在しながら，清を打倒し中華民国の建国のため，世界各地で資金を集めた。ガンジーは，ロンドンで学び法律家となった後，後の南アフリカとなる地で弁護士として開業，その地でインド人意識に目覚め，インド独立運動をけん引していくことになる。ホーチミンの事例は，上記のフィリピンと比較すると興味深い。フィリピンの場合，優秀な子弟の多くが学校教育の機会を与えられた一方，仏領インドシナの教育機会は極めて限定的であり，後の革命の指導者ホーチミンは旅客船のコックとして見聞を広めることとなった。学校教育を修めたフィリピン人革命家の多くが共和革命を志向したのに対し，旅客船のコックとして世界をみたホーチミンが共産革命を目指したことは，独立後の両国の行く末を考えるうえでも重要である。

3. 独立後のアジアの国家と市場

(1) 戦争による独立と交渉による独立

第二次世界大戦後，アジア地域は新たな国家建設を目指すことになったが，多くの国が内戦や独立戦争を経験することになった。東北アジアでは，中国と台湾，北朝鮮と韓国は，内戦を経験した後，分断国家としてそれぞれの国家建設に取り組んだ。

タイを除き欧米諸国の植民地となっていた東南アジアでは，独立を実現する2つの途が存在した。フィリピン，ビルマ，マレーシア（後にシンガポールが分離），ブルネイは宗主国との交渉に基づく独立を果たした。インドネシア，インドシナ3か国（ベトナム，カンボジア，ラオス）は宗主国との独立戦争を経て独立を果たした。前者の場合，植民地国家で一定の行政経験を積んだ政治指導者が独立交渉を担い，独立後も影響力を維持した。冷戦の深刻化が懸念された時期，あるいはすでに本格化した時期に独立した諸国の政治エリートの関心事項は，共産主義革命を如何に避けるかという点にあった。この点では，旧宗主国とも関心が重なっており，交渉は比較的順調に進み，非共産主義の政治エリートが政権を獲得することになった。ただし，ミャンマーでは交渉を率いたアウンサン将軍が暗殺され，政治指導者層が安定基盤を失う中での独立となり，その後にしこりを残した。

戦争を経て独立にいたった諸国の多くは共産化，あるいは共産党を連立のパートナーの一角に据えた。インドシナ3国では共産党による政権獲得に対する懸念から，宗主国のみならず米国も介入し，長く続くベトナム戦争を戦うことになった（なお，ベトナムではベトナム戦争は抗米救国戦争と呼ばれている）。オランダから独立したインドネシアでは，スカルノが独立運動をけん引したものの，共産党の組織力は侮り難く，スカルノは，反共志向の強い軍と共産党の双方を自身の権力基盤とした。この不安定な権力基盤が崩れるのが1965年9月30日に起きた九・三〇事件だが，これについては第3章で触れる。

独立の経緯に違いはあるものの，いずれの諸国においてもナショナリズムは新政権の正統性の大きな基盤となった。

（2）経済ナショナリズムによる混乱

ナショナリズムに依拠した政治指導者の多くは，経済面での脱植民地化を目指し，経済ナショナリズムを強調した。経済ナショナリズムとは，経済のパイの拡大よりも，国内に住む民族間のパイの配分を問題にする考え方である（Golay et al. 1969）。宗主国資本の接収や，国内のエスニック・マイノリティである華人に対する抑圧的な政策が主な手段となった。さらに，植民地期に広がった一次産品輸出経済の構造改革のため，保護主義に基づく閉鎖的な工業化を目指した。各国は，植民地期に輸入していた完成品の輸入を抑制し（代替し），自国で工業製品の製造を目指す輸入代替工業化政策を志向した。

しかし民間資本の抑圧や，狭い国内市場に依存する輸入代替工業化政策は経済成長を阻害する結果となった。加えて輸入代替工業化に必要な工作機械の輸入のため，自国通貨を人為的に釣り上げていた諸国は慢性的なインフレに悩まされていた。第二次世界大戦直後のアジアは，各地で内戦や独立戦争が行われ，経済開発を目指した輸入代替工業化政策にも限界と副作用が付きまとった。この結果，この時代は「戦乱と停滞のアジア」というイメージで捉えられることが多い。

4. 新興アジアの国家と市場

1970年代以降，戦乱と停滞のアジアから新興アジアへと，アジアをみる視点は大きく転換した。

まず戦乱のアジアは終わりを迎える。中でも1975年のベトナム南北統一と，1991年のカンボジア和平はその象徴となった。停滞のアジア観が払しょくされたのは，1980年代後半に生じた東南アジア諸国への対外直接投資の流入と，1990年代に本格化した中国沿岸部への対外直接投資の流入とが生み出した経済成長がきっかけであった。重要なことは，個別の国が点として経済成長するのではなく，面として東アジア，そして東南アジア地域に徐々に経済成長が広がっていったことである。

1990年代の日本のバブル崩壊や，1997年のタイを発火点とするアジア経済危機は，1990年代前半にあったアジア経済に対する過度の楽観論を戒める機会となったが，大方の予想を超えて回復した。さらに2008年以降の世界経済危機後，中国を筆頭にアジア地域が世界の経済回復をけん引したことなどから，1990年代後半に一部でみられたアジア経済懐疑論の多くが説得力を失った。

他方，北朝鮮やミャンマーなど，新興アジア地域にありながら，経済成長の機会をつかみ損ねている諸国も存在する。両国では，経済成長とは異なる政治目標を追求する政治指導者によって，市場活動が著しく阻害されてきた。また新興アジア地域の成長の原動力となった対外直接投資の積極的な受け入れについても，両国は消極姿勢を崩していない。周辺諸国が実践して効果を上げている政策を，政治上の理由から取り入れてこなかったともいえる。それぞれの隣国と比較すると，第二次世界大戦の終結時点では，北朝鮮は韓国よりも，そしてミャンマーはタイよりも発展していたとされる。その後の政府の政策方針，中でも市場経済の活用と対外開放の有無が，経済発展にとって決定的に重要であることが分かる。両国は，成長する地域経済の中に埋め込まれるのではなく，閉じこもってしまった。

3 新興アジアはいかに実現したか

伊藤亜聖・高木佑輔

《学習のポイント》
・後発の優位性とその限界を理解する
・アジアの台頭の前提となった冷戦構造の変容と終結を理解する
・工業化の意義と対外開放路線を理解する
《キーワード》 後発の優位性，冷戦，アジア新興工業国，東アジアの奇跡，雁行形態，プラザ合意，アジア金融危機

1．アジアが後発の優位性を実現できたのはなぜか？

（1） 後発の優位性

1960年ごろまで停滞の象徴とされたアジアから，1970年代以降，高度経済成長を実現する国・地域が続出した。1960年代から高度経済成長を実現してきた日本に加えて，まず韓国，台湾，香港，シンガポールが輸出志向型工業化路線で成長軌道に乗った。中国やその他の東南アジアの国々もこの流れに合流することで，2000年代以降には，「停滞」よりもむしろ「新興」がアジア地域を表現する形容詞となった。一国の首都を一つの点と捉えるならば，点のみの成長ではなく，濃淡はありつつも面としてアジア地域に経済成長が広がっていった。

経済学の実証分析では，国レベルの成長要因を探る研究が蓄積されている。その結果，設備投資，教育水準（平均就学年数），マクロ経済の安定性（インフレ率）といった変数が成長に正の効果をもつことが指摘されてきた（バロー 2001）。新興アジア諸国の経済成長にもこれらの要

因がおおむね寄与してきたと考えられる。そのうえで東アジア地域がとくに高い成長を実現した一要因として「後発の優位性」（economy of backwardness）を活用したことを挙げられる。

経済史家のアレクサンダー・ガーシェンクロンは，欧州，ロシアの経験から「工業化はいつでも，後進国がより進んだ国から借用することができる技術革新の蓄積が多ければ多いほど，より展望があるようにみえる」と指摘した（ガーシェンクロン 2005, 5頁)。そして追い上げるために先進国から設備を導入できること，そして特定部門に金融資金を投入する銀行部門の組織的統轄と国家の積極的な介入を，後発国工業化の特徴として指摘した（ガーシェンクロン 2005, 2-30頁；末廣 2000, 35-42頁)。

1960年から2018年までの国別のデータを用いて，後発国ほど経済成長率が高いのかを確認してみよう。図3-1は，横軸に初期時点（1960年）の一人当たりGDPを，縦軸に1960年と2018年の一人当たりGDPの比率を描画してある。一人当たりGDPは国際的に大きな差があり，2000ドル以下の低所得国が多い一方で，高所得国は少ない。そのため横軸については自然対数をとってスケーリングしている。横軸でみて右に行くほど1960年時点で高所得となり，縦軸で上方に位置するほど期間中の所得の伸びが高かったことを意味する。

すべての点を視野に入れると，縦軸と横軸の変数には，一見して明確な関係性を読み取ることが難しい。ここで東アジア諸国とその他世界の国々を別々に色付けしてみると，東アジア諸国では右肩下がりの傾向がありそうである。一方で，その他世界のデータからは緩やかではあるもののむしろ右肩上がりの傾向がありそうである。

右下がりの関係性は，後発の優位性を意味する。初期時点で発展水準が高い国（横軸右側）では，その後の成長率が低くなり（縦軸下側），

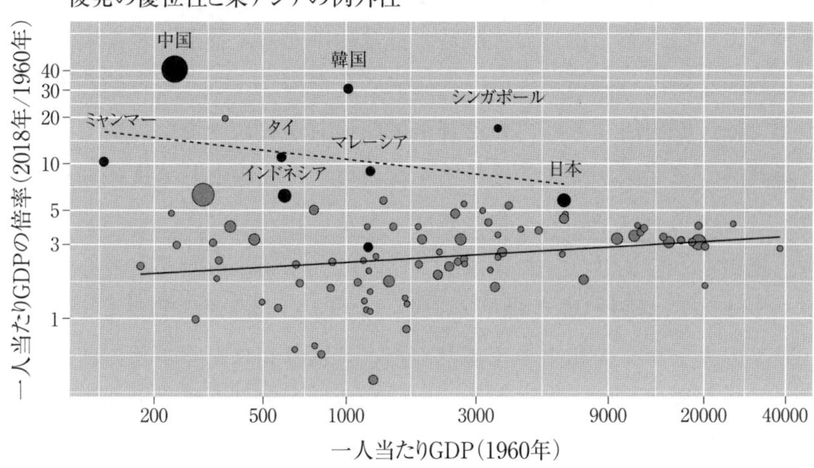

図3－1　後発の優位性と経済成長の収れん

出所：世界銀行・世界開発指標より作成。

逆に初期時点で，発展水準が低い国（横軸左側）では，その後の成長率が高くなる（縦軸上側）傾向である。一方で，右肩上がりの傾向は，つまり1960年時点で高所得の国ほどその後の成長率が高いことを示唆する。実は遅れた国ほど成長が加速する傾向は，一般論として観察されておらず，観察されたとしてもあるグループの内部に限られている（Johnson and Papageorgiou 2020）。

（2）　なぜアジア諸国は後発の優位性を実現できたのか？

後発の優位性が一般論として確認できない中で，なぜアジア諸国は後発の優位性を現実のものとして実現できたのだろうか。

アジアの成長の要因としては教育水準の引き上げや，対外開放政策の実施，そしてマクロ経済の安定化といった要因が指摘される。ではこれらの施策はどのような政府のもとで実現されたのか。そもそも第2章で述べたように，第二次世界大戦後の混乱の中から，経済発展を実現できる平和的な国内外の環境はいかに確保されたのか。こうした論点を探るうえでは，歴史的，そして政治経済的な検討が欠かせない。

新興アジア諸国が後発の優位性を実現できた要因として次の3点を指摘できる。第一は平和的な地域秩序である。1970年代に，それまでの冷戦構造のもとで生じていた軍事的緊張が緩和に向かったことである。インドシナ半島諸国の成長はやや遅れてはじまったが，そのきっかけは1991年のカンボジア和平の実現だった。第二はグローバル化の波に乗る発展戦略が機能したことである。国境を越えた貿易と投資の活性化は，域内外の先進的な製造業やノウハウの移転を促し，また直接に受け入れ国側の雇用拡大と輸出拡大に寄与した。そして第三に，政府が大きな役割を果たしつつも，市場メカニズムと国際経済との循環の意義を否定せず，実務的に開発政策を実施していったことである。中でも韓国の経済企画院，マレーシアの経済計画ユニットをはじめとするテクノクラート集団の存在は，東アジアの産業化に寄与してきたと評価されている。

2. アジア冷戦の変容と経済開発

(1) 転換の10年（1965-1975）

戦後のアジア諸国がまず直面した主要課題は，1950年代の政治的独立であった（第2章参照）。植民地体制からの政治的独立と国家建設が一段落したとき，次に課題になったのは開発と経済発展である。

東アジア外交史家の宮城大蔵は，国家の独立・革命・内戦，そして冷戦下での政治的なエネルギーが横溢（おういつ）した「政治の時代」から，開発と経済成長に覆われた「経済の時代」の転換は，1965年から1975年の「転換の10年」に生じたとみる（宮城 2009）。この間の九・三〇事件（1965

年)，米中接近（1971年)，サイゴン陥落（1975年）が象徴的な事件である。

九・三〇事件とはインドネシア陸軍内の一部が陸軍首脳を殺害し，実権掌握を宣言したものの，スハルト中将によって鎮圧された事件である。この事件後，スハルトが自ら大統領に就任しただけでなく，インドネシア共産党が解体された。この過程では実に数十万人から200万人ともいわれる共産党員と，共産党員と疑われた人々が虐殺された。この背景にはアッラーを信じない共産主義者に対する聖戦だと捉える見方があったとされる。また，米国や日本をはじめとした諸外国が黙殺したことも事件の過激化につながった（倉沢 2020)。結果的に，中国とインドネシアの蜜月関係を意味する「北京＝ジャカルタ枢軸」に代わって，より東南アジア近隣諸国との関係を強化する東南アジア諸国連合（ASEAN）が創設されることにもつながった。

その後，1970年代にソ連への警戒から米中が外交的に接近した結果，冷戦構造は大きく変貌した。1972年２月21日，アメリカ合衆国大統領リチャード・ニクソンが訪中し，米中共同コミュニケでは，敵対関係の終結と，国交正常化に向けた交渉の始動に言及した。中国側は中ソ対立に直面する中で，そして米国側はベトナム戦争が激化する中で米中関係を改善する機運が高まったのである。日本の対アジア外交は，賠償交渉を契機として1950年代半ばから展開されていたが，米中接近後には中国とも国交正常化を果たし，さらにASEANの活性化と歩調を合わせる形で積極化していった（宮城 2009；岩崎 2009)。日本外交については第15章で詳しく取り上げる。

（２）　アジア新興工業国の対外開放路線

1970年代末以降，成長するアジアは徐々に国際的に認識されるようになる。第1章でも触れたOECDの報告書は，ラテンアメリカやアジア諸国を含めて，工業化を推し進めつつある国々を新興工業国（Newly Industrializing Countries, NICs）と呼んだ（経済協力開発機構 1980）。アジアでは香港が国家ではないこと，台湾を国家と承認しない立場があることから，特にアジア新興工業経済（Asian Newly Industrializing Economies, アジアNIEs）と呼ばれた。

その特徴は輸出志向型工業化にある。輸出志向型工業化戦略は，市場需要を国外に求める工業化である。その象徴として韓国，台湾，香港，シンガポールは「アジア四小龍」とも呼ばれた。図3-2には，総就業者数に占める第二次産業（製造業，鉱業）の比率を示したものである。1960年代後半から1980年代にかけて，台湾，韓国，シンガポールが大きく比率を高めていることがわかる。産業構造が農業から鉱工業へと大きく転換し，雇用を創出するのみならず，製造業に関わる技能も形成されていった。これら「アジア四小龍」の国内市場は狭隘（きょうあい）であるから，製造された製品の輸出先は国外，とりわけ米国市場に求められることになった。

輸出志向型工業化戦略を，それ以前にアジアを含む途上国で採用されていた輸入代替工業化戦略との対比において整理しておこう。第2章でも触れたとおり，輸入代替工業化とは外国からの輸入製品を，関税をはじめとする介入によって国産品に置き換えようとする政策である。輸入関税を課することで，ある製品について，外国製品は割高になり，国産品はその分だけ価格優位性をもつ。国内企業の規模拡大を支援することで，関税を撤廃しても輸出できるような企業を育てることを目指している。実際にこの戦略はメキシコやインドなどでも採用されたが，国内企業が十分に競争力のある製品をそもそも製造できず，また競争圧力がなくなることで中長期的にむしろ競争力を失うという弊害があった。アジ

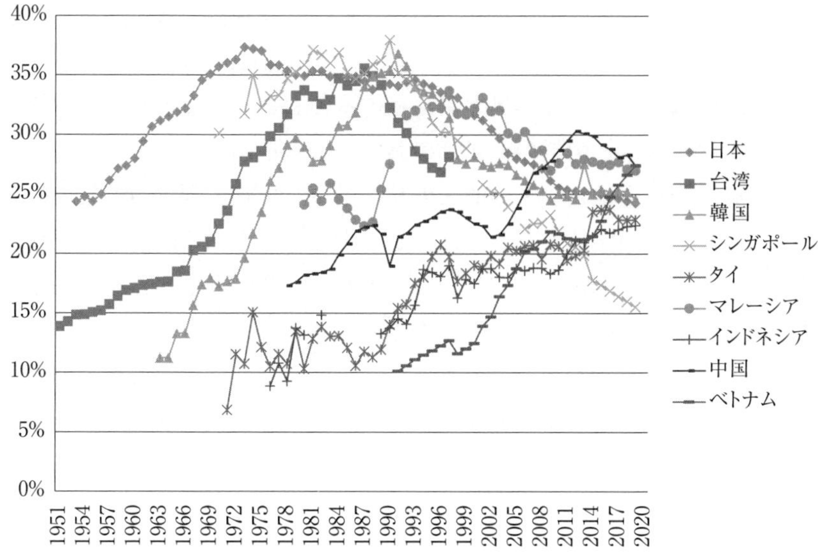

図３－２　第二次産業就業者の比率

注：鉱業，製造業，建設業，電気・ガス・水道業の合計。

出所：日本は2003年まで総務省統計局・労働力調査長期時系列データより，それ以降は世銀 WDI より作成。台湾は1997年まで文（2002）133頁より。韓国は2004年まで金・文（2006）132頁より，それ以降世銀 WDI より。シンガポール，タイ，マレーシア，インドネシアは梶原（2016）397-441頁より。ベトナムは世銀 WDI より作成。

アの事例では，国内市場が狭隘な小国が多く，そもそも輸入代替戦略に限界があった面も指摘できる。

それに対して輸出志向型工業化は，自国の低廉な労働力を武器に，労働集約的な産業（あるいは工程）で加工組立を行い，国外市場，典型的には米国市場への輸出を目指す戦略である。この戦略は，それぞれの国には資源の状況に応じて，相対的な優位性があるという比較優位（comparative advantage）の原則に基礎付けられている。資本と労働という２つの資源を想定すると，ある先進国には豊富な資本があり，なおかつ労働力も一定程度存在する一方で，ある途上国には資本が不足しており，圧倒的に豊富な労働力が存在するとしよう。この時，絶対的な量としては，資本と労働のいずれにおいても先進国のほうが豊富にあるとしても，先進国は資本集約的な製品に，そして途上国は労働集約的な製品に特化して国際分業をしたほうが，少なくともある時点では双方が得をする（戸堂 2015，114-118頁）。それぞれ相対的に最も効率的な産業に特化して，その成果物を交換するのである。

輸出志向型工業化を実行するためには，外国企業による直接投資を受け入れることが重要な手段となる。外国の企業や個人が株式購入を通じて投資する間接投資に対して，外国企業が自ら子会社を設立し，運営や生産を行う形態の投資を直接投資と呼ぶ。直接投資では先進国企業のより優れたノウハウや技能が現地人にも伝わる効果があるとされる（スピルオーバー効果）。加えて自国内に資金が限られていても外国企業が資金を調達するというメリットもある。

一方で，外国企業が生産活動や輸出入業務を行ううえでは，政情と治安の安定に加えて，為替レートの安定性，労働者の雇用，土地・不動産・設備売買の契約締結と執行といった経済活動一般に関わる様々な要素が求められる。具体的には，資本移動の自由化，変動相場制の導入，輸出加工区・経済特区の設置といった制度的な改革が求められる。

3．東アジアの「奇跡」と「危機」を超えて

（1）『東アジアの奇跡』

アジア地域の成長は1980年代にも続き，国際的にも高い関心を集めた。新興工業国の議論ではラテンアメリカや南アジア地域にも視野が向けられていたが，東アジア地域からとりわけ高い成果を上げた国々が続出し

たためである。世界銀行はこのことを『東アジアの奇跡』という報告で取り上げた（世界銀行 1994）。同報告書では「奇跡のエッセンス」として，所得格差を縮小させながら高度経済成長を実現したことを挙げた。1960年から1985年までの経済成長率と所得格差の指標で国際比較をした際に，東アジア諸国，具体的には韓国，台湾，シンガポール，香港，インドネシア，タイ，マレーシア，そして日本が突出した成果を上げたためである。

同報告書ではこれら８か国を「高実績アジア経済」（High Performing

表３−１　アジア諸国の一人当たり GDP の推移（1970-2019）

	1970	1980	1990	2000	2010	2019
日本	12,965	20,755	29,001	37,884	40,121	39,674
韓国	2,210	5,401	13,784	24,854	36,736	42,190
台湾	5,336	11,814	22,384	35,611	41,674	46,749
中国	1,406	1,833	2,630	4,628	10,211	12,434
シンガポール	6,979	19,007	27,886	40,600	72,010	82,448
マレーシア	3,862	7,366	9,292	13,386	19,923	25,716
タイ	2,485	3,736	5,923	7,752	13,888	17,107
ブルネイ	68,064	100,658	60,382	60,453	81,885	73,139
インドネシア	1,307	2,399	3,428	3,750	8,175	11,591
カンボジア	1,831	902	1,135	1,402	2,472	4,502
ラオス	776	915	1,413	1,969	4,468	7,583
ミャンマー	760	855	761	1,122	3,676	5,151
フィリピン	2,445	3,486	4,096	4,539	5,814	8,447
ベトナム	926	1,149	1,257	2,333	4,763	7,508
インド	1,433	1,309	1,429	2,138	4,555	6,710

注：購買力平価，2017年国際ドルによる換算。
出所：Feenstra et al.（2015），Penn World Table version 10.0より作成。

Asian Economies）と呼んで，共通の要因を探っている。具体的には初等教育環境の整備を通じた人的資本への投資，民間企業の競争を促進する制度の整備，経済の対外開放の促進，そして安定的なマクロ経済運営と高い貯蓄率・投資率を指摘したうえで，一連の政策パッケージを「市場メカニズムに親和的なアプローチ」と呼んだ。政府の介入自体に触れながら，市場メカニズムの役割を強調した点に同報告書の一つの特徴がある。

（2） 雁行形態論の限界と対外直接投資の地域的な波及効果

アジア地域内における国際分業の特徴は，かつて雁行形態論の視点から把握されてきた（小島 2003）。前提となるのは，国の発展段階ごとに，その段階に応じた産業を担い，製品を輸出しあうという産業間分業の視点である。域内の先進国（例えば日本）は，初期の時点（例えばｔ年）で労働集約的なアパレル製品の生産と輸出を進めてきたが，国内の賃金の上昇や為替レートの変動によって輸出競争力を徐々に失っていく。この時，先進国では産業構造の高度化が求められ，次の時点（ｔ＋１年）にはより高い技術を求められる産業，例えばテレビの製造に特化していく。一方で，ｔ年時点では日本で製造されていたアパレル製品は，ｔ＋１年には他国，例えば台湾や韓国に移転して生産されていく。結果，日本はテレビを輸出し，アパレル製品を輸入する。こうした連鎖がｔ＋２年，ｔ＋３年へと，新たな新興国が参入しながら続いていくという見立てである（末廣 2000，42-55頁）。

雁行形態論のオリジナル版は赤松要による国内産業における輸入，輸入代替，輸出という発展段階論にあった。それが国際分業版に拡張されたバージョンは，日本を先頭として他のアジア諸国が輸出志向型工業化を実現していくという戦後アジアの産業発展のパターンを活写した。しかし，2000年代以降，中国という大国が国際分業に参入したこと，そして産業間の分業から工程間の分業（フラグメンテーション）へとグローバリゼーションが一歩進展したことから，徐々に説明力を弱めていった。グローバリゼーションの時代に広がったのは国境を越えた工程間分業と価値連鎖である。このグローバル・バリュー・チェーンの議論は，第11章にて詳しく取り上げる。

1980年代は貿易摩擦の時代だった。当時は，米国の財政収支と経常収支の赤字からなる双子の赤字と，西ドイツと日本の経常黒字が問題視された。1985年の先進国５か国（米国，イギリス，西ドイツ，フランス，日本）の財務大臣会合で，為替レートの調整に合意した（プラザ合意）。その結果，それ以降，急激に円高ドル安が進むこととなった。冷戦期，西側の「盟主」であった米国の経済的苦境を日独が支える形となった。

プラザ合意の結果，日本国内で生産された製品を輸出した際のドル価格が急激に割高となった。日本国内の地場産業や製造業は急速に価格競争力を失い，とりわけ大ロット（大量生産），型番が一定，そして労働集約的な製品では生産拠点の国外移転が進んだ。その際に地理的に近接し，また外資企業の受け入れ体制を整えつつあった一部のアジア諸国が，生産拠点の有力な選択肢となったのである。

日本の対外直接投資額は1985年の64億ドルから，1990年には480億ドルにまで増加した。このうち金額的には北米向けが圧倒的に大きかったものの，1980年代末以降，アジア NIEs，そして ASEAN 主要国への直接投資が拡大していった。日本国内に形成されてきた製造業の観点からみると，それまで国内で完結していた多くの製造業のサプライチェーンのうち，一部が国境を越えてアジア大の空間へと広域化していくことを意味した（渡辺 1997）。特定製品に依存していた産地では，こうした産業移転の影響を強く受けて，「産業空洞化」と呼ばれる事態に直面した。

一方で，日本国内ではより高い単価の製品や部材の生産に特化し，それをアジア域内外に輸出することで事業拡大を狙う動きもみられた。

プラザ合意後の東アジア地域への投資拡大により，アジア地域では事実上の経済統合が進んだ。経済学者はこれをデファクトの経済統合と呼び，政治学者は地域化と呼んだ。西ヨーロッパについては，法に基づく（デジュールの）経済統合，あるいは地域主義に基づく地域統合と呼ばれ，東アジアと西ヨーロッパの違いが区別された（Katzenstein and Shiraishi 1997）。新興アジアの地域秩序については，第12章で検討する。

（3） 金融危機とその後の回復

1997年に生じたアジア金融危機によって，それまでのアジア経済の「奇跡」を分析する視点から，アジア経済の「危機」とその原因を探求する時代へと，大きく問題関心が転換した（吉冨 2003）。1997年7月のタイ・バーツの暴落を契機として，アジア諸国の通貨レートが暴落し，ドル建て対外債務の不履行が生じて域内諸国に波及した。1998年にはタイの経済成長率はマイナス10%，インドネシアではマイナス13.7%を記録するという，文字通り危機的状況が生じた。

アジア金融危機の原因を巡っては，金融要因，実体経済要因，そして制度要因の3点が指摘されてきた。第一の金融要因とは，アジア諸国が1990年代に金融市場を対外開放したことにより，脆弱性を抱えた点を問題視した。国際的な短期融資資金の移動に組み込まれた一方で，国内の金融システムは長期の銀行貸し出しに依存した構造であったために，短期的な国際資金の引き上げに対応ができなかった。第二の実体経済要因は，輸出志向型工業化戦略に内在していた構造問題を重視した。アジア諸国が採用した輸出志向型工業化は，重要部品を国外からの輸入に依存したため，輸入を誘発する構造となっていた。このため貿易収支は赤字傾向にあり，また生産性の向上が限定的であったことが脆弱性として指摘された。そして第三の制度要因は，地場系企業の企業統治体制（コーポレートガバナンス）がグローバルな基準に合致していないことを問題視し，市場競争に基づかない有力者の取り巻きによる汚職や政商が跋扈するクローニー資本主義と批判した（末廣 2000；吉冨 2003）。

アジア金融危機によって，アジア経済への評価の揺り戻しが生じたが，アジアの成長軌道は変わらなかった（大野 2013）。このことは構造要因や制度要因よりも短期的な金融要因が主因であったことを示唆する。2001年に中国が世界貿易機関（WTO）に加盟して以降，中国の沿岸部とアジアNIEsを拠点とする域内の輸出志向型工業化は一層強靭なものとなった。多くの国がマクロ経済の指標においてV字回復し，さらに2010年代にはベトナムやフィリピン，ミャンマーといった国々まで対外開放路線を強化していった。加えて，徐々に豊かさを手に入れていったアジアは，単なる低廉な製造拠点という位置付けから段階的に脱し，数億人の中間層を抱える巨大な市場としても認識されるようになっていった。

（4） 中国の台頭とそのインパクト

このようにして2000年代までに，経済成長する新興アジアはより広域へと波及していった。中でも中国が本格的な対外開放路線（改革開放政策）を進め，グローバル経済に積極的に参画していったことは巨大な変化をもたらした。中国沿海部の長江デルタ地域や珠江デルタ地域は外資企業による積極的な投資を受けて本格的な工業化を進め，これに分厚い民間企業が続いた。2000年代には中国が「世界の工場」とも呼ばれるようになっていったが，これは東アジアの生産ネットワークの中に中国が組み込まれていったことを意味した。

中国は1990年代から2000年代まで高度経済成長を持続させ，この結果，2010年には国内総生産（GDP）規模でみて，日本を超えて世界２位の経済規模となった。これに伴い，中国経済は徐々に投資を受け入れる側から投資をする側へと，そして技術やノウハウを受け入れる側から徐々に新製品やサービスを自ら開発する側へと構造を転換した。同時に2012年11月に発足した習近平政権は，前任の胡錦涛政権（2002-2012年）に比べて，対外政策を積極化していった。「一帯一路」構想を筆頭として外交的関与を強化し，さらには南シナ海における軍事基地の造営にみられるような安全保障上の現状変更を行うようになった。

中国が経済規模としての「大国化」にとどまらず，国際秩序やアジアの地域秩序への影響力を積極的に行使しようとする「強国化」路線が強まるに従い，とりわけ米国は警戒感を強めるようになった。近隣のアジア諸国からみると，改革開放路線が始動する前と比較して，貿易面での経済的な相互依存は各段に高まっており，米中の緊張が高まる中でもこの状況に大きな変化はない。新興アジアを形作ったのは相互の貿易と投資にけん引された事実先行（デファクト）の経済統合であった。米中対立が激化する中でも，この求心力は失われたと結論付けることはできない。

アジアの中でも人口大国である中国が経済成長軌道に乗り，「離陸」（テイクオフ）したことは，グローバルなレベルでの影響も与えた。特に重要なことは，中国が世界経済のエンジンとしてエネルギー，鉱物資源をはじめとする膨大な物資を需要しはじめたことである。これは他の新興国・途上国にとって，急成長する新たな顧客が登場したことを意味する。南米，アフリカ，中東，中央アジアといった地域の国々もまた，中国とアジアの成長から大いに受益した。2001年に投資銀行ゴールドマン・サックスのジム・オニール氏が命名したBRICs（ブラジル，ロシア，インド，中国）は，その後2009年には首脳会議を開催するようになり，2011年には南アフリカが加わり，BRICS（大文字のS）へと拡大した。さらに新興国経済の広がりは，BRICS諸国を超えている。

このように新興アジアの形成の延長線上に，グローバルなレベルでの地殻変動が生じている。欧米を中心とする先進国（いわゆる「北」）と，アジア・アフリカを中心とする発展途上国（いわゆる「南」）との間に越えがたい格差があるという南北問題の時代は過去のものとなった。新興国の時代，そしてさらにそれらが総体として世界経済や国際秩序に影響を与えはじめている。近年ではこうした観点から，横断的に新興国の影響力に着目する視点として，グローバルサウスという言葉も使われるようになっている。そしてグローバルサウスの形成を考えるうえでも，政治的独立の後に，アジア各国が停滞から成長へと転換した経験は重要な構成要素となっている。

4　民主主義とよい統治

高木佑輔

《学習のポイント》
・近代化論の特徴と限界を理解する
・政治体制論を理解し，民主主義体制と権威主義体制の違いと民主化や制度化といった論点を理解する
・アジアの政治変動の変遷を理解する
《キーワード》 近代化，政治体制，民主化，権威主義，よい統治

1．近代化論から民主化論へ

(1)　近代化論とその限界

近代化論という学説があった。血縁と地縁に縛られた伝統的社会が解体し，人々が個人主義を確立し，自己実現を求める近代社会の出現を期待する理論である。代表的近代化論者である経済史家ウォルト・ロストウは，停滞した伝統的社会が解体され，「成長が社会の正常な状態」となる段階への移行を近代社会への離陸（テイクオフ）と名付けた（ロストウ 1961，12頁）。第1章で述べたグローバル・ヒストリーの3つの見方に対応させるとしたら，収れん説に対応した考え方といえるだろう。

民主化論の古典となった著作において，バーリントン・ムーアは，階級分析，近代化のパターン，そして革命の帰結を結び付けた主張を展開した。ムーアによれば，英仏米では工業化により都市中間層が拡大することで，民主主義革命を実現した（ムーア 2019)。他方，都市中間層が拡大する前に政府主導の「上からの近代化」が起きたドイツや日本では

全体主義の確立にいたった。全体主義とは独裁者，政党，軍部が政治権力を握り，国民を政治的に動員する非民主主義体制のことである。さらに，上からの近代化も中間層の拡大もみられなかったロシアや中国では，共産党による全体主義としての共産主義が確立した。1966年に出版されたムーアの著作の影響は大きく，その後の多くの近代化論者は，都市中間層の拡大と民主主義体制の成立を結び付けて論じるようになった。

第二次世界大戦以降の政治学では，全体主義よりも権威主義に関心が集まった。第二次世界大戦後，ファシズムに代表される全体主義体制の多くが打倒され，多くの諸国が民主化を経験した。しかしながら，冷戦が本格化する中，共産主義運動打倒を主な根拠として抑圧的な政治体制を敷く諸国が現れた。韓国の朴正熙政権や，台湾の蒋介石・蒋経国政権，さらに東南アジア諸国のほとんどが選挙を停止するか，あるいは市民的自由の多くを制限した。スペインにおけるフランコ体制の確立を目撃した政治学者フアン・リンスは，共産主義体制ではないが民主主義体制でもない抑圧的な政治体制を権威主義体制と呼んだ（リンス 2020）。全体主義と権威主義の大きな違いは，前者が国民を政治的に動員するのに対し，後者は国民の非政治化を目指す点にある。

アメリカの支援を受けた南ベトナムの離陸失敗や世界各地における権威主義体制の確立は，経済成長による中間層の拡大が民主化につながるという近代化論の想定を覆すことになった。さらに，本書第３章で取り上げたNIEsの多くが権威主義体制であったことから，経済成長と民主化は自動的には結び付かないことを強調する立場が現れた。ムーアの近代化論に影響され，中間層なき上からの近代化は全体主義にいたるという議論をアジアやラテンアメリカ諸国に当てはめる論者も現れた。世界の政治はやがて民主化にいたるという予測は楽観的に過ぎるとして退けられ，多様な政治体制の分類や，体制変動に関心が移った。

(2) 政治体制への関心

1970年代以降，徐々に権威主義体制の崩壊が進んだ。アジアにおいては，1986年のフィリピンにおけるピープルパワー革命が嚆矢(こうし)となり，韓国，ミャンマー，台湾，さらには中国における民主化運動が勢い付いた。政治学者サミュエル・ハンチントンのいう民主化の第三の波である（ハンチントン 1995)。ハンチントンによれば，第一の波は19世紀に，第二の波は第二次世界大戦後に生じた。

民主主義の定義について，ハンチントンは，経済学者ヨーゼフ・シュンペーターの定義を参考にしつつ，自由で公平な選挙の有無を重視する手続き的民主主義を強調した。実質的な民主主義の度合いについて，各国の事例に即して論じることは著しく困難であるため，選挙の有無に即して政治体制を分類するというのが，これ以降の基本的な研究姿勢となった。

政治体制を分析する政治学者が利用する代表的なデータセットは３つある。まず，政治的権利と市民的自由に注目し，それぞれのポイントを集計して「世界の自由度」を公表しているのがフリーダムハウスである。名前の通り，厳密にはフリーダムハウスの関心は，「政治体制が自由か否か」である。これに加えて政治的権利として選挙プロセス，政治的多元性や政府の機能を評価していることなどから，民主主義体制の代理変数として利用されてきた。

より政治制度に注目しているのが，その名も政体（ポリティ）を意味するポリティ・スコアである。ポリティは何度か指標の改定をしており，2022年現在は，ポリティⅤが最新である。ポリティⅤでは執政権者の選択や政治参加を支える制度に注目し，政治体制を民主主義体制，中間体制と独裁体制に分類している。

以上２つの指標に対して，手続き面以外の民主主義の実質を考慮しようとする指標に「民主主義の多様性（V-Dem)」がある。V-Demでは，民主主義の多様な側面を意識して，自由民主主義，参加民主主義，平等民主主義や熟議民主主義までが指標化されている。

一見して，前二者よりも踏み込んだ評価を目指している。例えば，熟議民主主義とは，人々が決定にいたる過程でどの程度の議論がなされたかを重視する立場である。熟議民主主義に注目する人々は，質問回答時の瞬間的な選択を集計する世論調査的な選好調査と，十分な情報提供と議論を踏まえた後の選好調査の結果がしばしば一致しないという経験的観察を重視する。熟議を実現する手続きには数日から1か月程度かかることもあるが，多くの場合，人々の意見は変わる（篠原 2004)。熟議民主主義まで意識したV-Dem指標は，もっとも手厚い指標といえるが，その分調査のコストが高く，項目によっては入手できないデータも少なくない。

図4－1と図4－2は，新興アジア諸国の政治体制の変遷について，民主化の第三の波の生じた1974年を起点に2022年までの状況を，「民主主義の多様性」プロジェクトが算出した選挙民主主義の指標を示している。

この指標で注目しているのは，各国における①結社の自由，②選挙権，③公正な選挙の実施，④執政府に対する選挙権，⑤表現の自由，そして⑥政府広報以外の代替的な情報源の有無である。数値が大きい方が民主主義の度合いが高く，小さいほど権威主義体制といえる。

図から新興アジア諸国の政治体制の多様性が見て取れる。図4－1で示した日本，シンガポール，ベトナム，ラオスと中国は，ほぼ直線に近い経緯を辿っている。これら諸国の政治体制は1970年代以降に大きな変化を経験していない。また，日本を除けばいずれの諸国も権威主義体制寄りの状況で安定している。

他方，図4－2で示した諸国の政治体制は様々な変化を経験している。

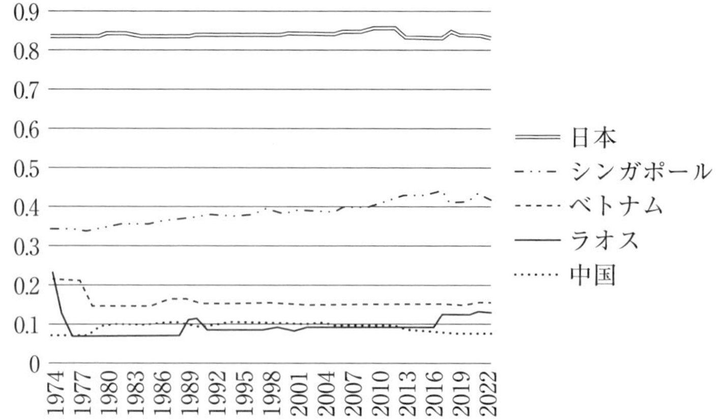

図４－１　主な新興アジア諸国の政治体制の推移
１　体制の安定している諸国（1974-2022年）

出所：Coppedge, Michael, John Gerring, Carl Henrik Knutsen, et al. 2022. "V-Dem Dataset v12" Varieties of Democracy (V-Dem) Project より筆者作成。

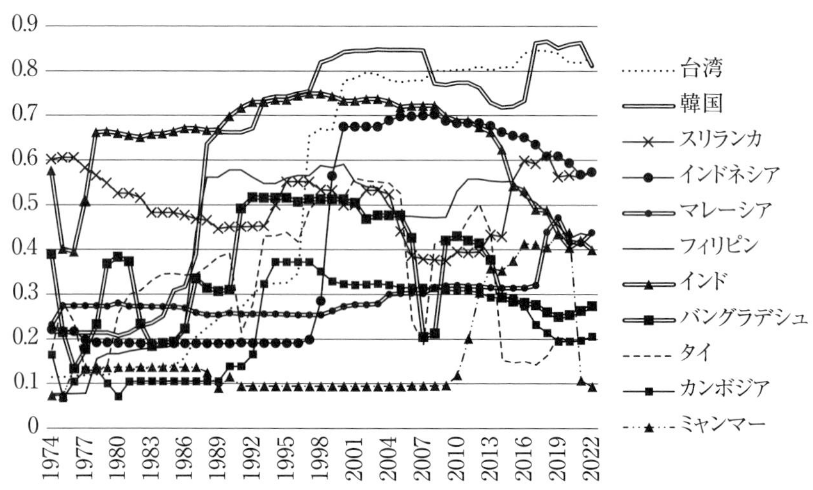

図４－２　主な新興アジア諸国の政治体制の推移
２　体制変動を経験した諸国（1974-2022年）

出所：Coppedge, Michael, John Gerring, Carl Henrik Knutsen, et al. 2022. "V-Dem Dataset v12" Varieties of Democracy (V-Dem) Project より筆者作成。

まず，数年のうちに急激にスコアが上昇（民主化）した国と下降（権威主義化）した国がある。前者の例として，韓国，フィリピン，台湾，インドネシアなどがある。例えば韓国は，1980年代末から1990年代にかけて急激に民主化が進んだ。一方で，後者の例として，タイ，バングラデシュ，ミャンマーなどがある。例えばタイでは，2006年9月の反タクシン派将校が引き起こした軍事クーデターと，2014年5月にプラユット・チャンオチャ陸軍総司令官が起こしたクーデターの影響を受けて，急激な権威主義化が生じた。タイでは1932年の立憲革命以来，2014年までに実に19回のクーデターが発生したとされており，選挙制度がある一方で，国軍による憲法の停止が頻発している。

また上昇にせよ下降にせよ，よりなだらかな変化を経験した国がある。例えば，1989年以降の韓国や2000年以降の台湾は漸進的なスコアの上昇（民主化）を経験したといえる。他方，2009年以降のインドとインドネシア，2016年以降のフィリピンなどは漸進的なスコアの下降を経験した。民主主義的な体制の国々でも，なぜ緩やかな権威主義化が起きているのかは重要な論点の一つである。

新興アジアについていえば，経済成長の面では，高成長を目指し，その手法としても市場原理を重視する面である種の収れん傾向がみられる。しかし政治体制については，各国の体制は大きく分岐したままといえるだろう。

重要な事実は，中国や東南アジア諸国の多くは経済成長を実現しながら権威主義体制が瓦解していないことである。近代化論が想定したような，単純に経済成長と民主化を結び付ける説明は妥当性を失っているといわざるを得ない。無論，毛沢東時代の中国やフェルディナンド・マルコス（父）大統領期のフィリピンのように，権威主義体制が経済危機をもたらす事例もある。成長と権威主義体制の間の因果関係を立証するのは極めて難しく，事前に何らかの関係を想定することは戒めるべきである。

近代化論が想定したような民主化にまっすぐ向かう政治発展論は批判され，３つの分析視角がうまれた。次節では，こうした事態を踏まえて展開する３つの潮流を確認する。

2．３つの新潮流―民主化論，政治体制論と政治発展論

（1）民主化における移行と定着への関心

近代化論が想定したような民主化にまっすぐ向かう政治発展論は批判され，３つの分析視角がうまれた。

第一に，民主化論の枠内ながら，民主化を移行と定着という２つの段階に注目する議論である。民主主義への移行過程は，一時の政治体制変動である。他方，民主主義の定着過程は，クーデターなどを抑制する文民優位の確立，自由で公平な選挙制度の確立，さらに選挙を経た政権交代の実現などの一連の変化を伴うものと考えられる。図４-２の一部にみられるような漸進的な民主化の過程が，民主化の定着の過程といえる。

1980年代後半の民主化の波の結果は各地で異なっている。北東アジアと東南アジアに限っても，民主化が実現し，民主主義が定着したと明確にいえるのは韓国，台湾とインドネシアのみである。1986年の民主化革命の記憶が残るフィリピンではあるが，2016年以降，「民主主義の多様性」スコアでは半分を切り，権威主義体制に近づいている。

またミャンマーや中国では1980年代末の民主化運動は軍や共産党による弾圧の前に挫折した。北朝鮮，ベトナムやラオスのように，民主化運動が広範な盛り上がりをみせない国もある。1990年代のタイや2010年代のミャンマーのように，一旦政治的な自由が拡大する方向に向かいながら，権威主義への揺り戻しを経験した国もある。

民主主義の定着には様々な方法がある。スハルト政権崩壊直後のインドネシアにとって，民主主義の移行期は決して安定した時代ではなかった。むしろ，東ティモールの独立承認に続き，各地で分離独立運動が勢い付いたため，インドネシア国家の解体さえ危惧されていた。インドネシア解体を避けるべく進められたのが，地方分権化改革であった（岡本2015）。なるべく小さな政治主体に権限を委譲することで，国内の主要地域がブロック化することを避け，結果としてインドネシアの国としての一体性を維持することが可能になった。2004年のスシロ・バンバン・ユドヨノ政権発足以降，国政選挙によって大統領の交代が実現し，民主主義は定着したといえる。

ただし，選挙に基づく政権交代が定着したとはいえ，インドネシアにおいて民主化を求める声がやむことはない。前述の通り，2009年以降にインドネシアは漸進的な民主主義の後退を経験している。ジョコイ政権は高い人気を誇るが，汚職捜査機関の弱体化を進めるなど，アカウンタビリティが弱まる傾向にある。政治家の人気の高さが民主主義の強化につながるのか，課題が尽きることはない。

（2）　権威主義研究の展開

第二の潮流は，権威主義体制の持続や，民主化と真逆の体制変動である権威主義化や民主主義の後退に注目する。

1990年代以降の中国の高度経済成長と共産党支配の継続は，経済成長による中間層の台頭が民主化にいたるという想定を裏切る実例である。また，2010年代のタイや2021年以降のミャンマーのように，民主化に向かうと思われた体制変動が逆回転をはじめる事例が散見される。

さらに，カンボジアのフン・セン大統領，フィリピンのロドリゴ・ドゥテルテ大統領，あるいはインドのナレンドラ・モディ首相のように，民主的に選ばれながら，市民的自由を徐々にはく奪する政治指導者の事例もみられる。こうした状況は，権威主義的な政治指導者が，選挙に偏重した民主主義の定義を乱用し，制限付きの選挙を実施することで自分たちの正統性を維持しようとすることから生じている。権威主義化の概念を理解することで，民主主義体制か権威主義体制かの二者択一ではなく，一国の政治がどちらの方向に向かっているのかを考えることが重要である。

新興アジアで権威主義化が顕著に進んだロドリゴ・ドゥテルテ政権期のフィリピンを考えてみよう。2016年に大統領に就任したドゥテルテ大統領は，選挙キャンペーン中から公言していた通り，極めて強引な麻薬対策を実施した。麻薬常習者や密売人と思われる人々を次々に逮捕，あるいは殺害した。警察の公式発表においてすら6,000名を超える犠牲者を生み出している。

さらに，知る権利を保障するはずのメディアに対する弾圧も執拗に展開された。2020年，フィリピン議会は，フィリピンの二大TV局の一角を占めてきたABS-CBNに対する許認可の更新を拒否し，同局の放送は終わった。また，調査報道の旗手として麻薬戦争の問題点を告発し続けたラップラー社に対しては，過去の記事を掘り起こして名誉棄損裁判を起こした。加えて，外国資本によるメディア所有を禁じる法律に違反した疑いがあるなどと主張し，公然と批判を繰り返している。

しかしながら，経済実績の好調さもあり，ドゥテルテ政権は任期満了となる2022年になっても国民からの高い満足度によって支えられていた。フランツのいう民主的に選ばれた政治家による権威主義化の好例となっている。さらに，後任を選ぶ2022年5月の大統領選で勝利したのはフェルディナンド・マルコスの実子，ボンボン・マルコスであった。フェルディナンド・マルコスは戒厳令の布告をはじめ，強権的な政治を敷いていた人物である。それゆえに当時の記憶をもつ人々からは懸念の声も上がった。

中国はどうか。民主化運動が盛り上がった1989年，実質的な最高指導者である鄧小平が天安門事件にみられるように厳しく弾圧した一方で，同じ鄧は1992年に南方の都市を回り経済改革と対外開放を大胆に進めるように号令をかけた（南巡講話）。そして政治的には中国共産党が実質的に一党独裁体制を維持しながら，経済成長を目指す路線はその後30年間にわたり機能したのである。中国共産党体制下での高度経済成長は，まさに近代化論を否定する巨大な実例となっている。そのため中国政治をめぐる問いは，かつての「いつ中国共産党体制が崩壊するのか」から，「なぜ中国共産党体制は持続できるのか」を問うものに転換していった（加茂編著 2023）。

中国を「民主主義の多様性」指数でみると，ほぼ一貫して権威主義的な下限に位置している。しかしこの間にも2002年から2012年の胡錦涛政権期には，ウェブ上のブログで個人に政治的見解を述べる動きが広がるなど，相対的にみて言論空間が闊達な時期もあった。しかし2012年以降の習近平政権期に入ると，言論空間や知識人への統制はより厳しいものとなっている。

（3）　政治発展論

第三の潮流は，政治発展の定義そのものを再考する立場である。

上記2つの立場は，政治秩序を支える政治体制として，民主主義か権威主義かの2つの間の選択，特に選挙の有無に注目する点に共通点がある。これに対し，政治学者のフランシス・フクヤマは，政治秩序を支える制度は，いわゆる政治体制に限らないとし，政治発展に注目する（フクヤマ 2013）。政治発展に必要なのは，①集権的な国家，②国家の暴走に歯止めをかける法の支配，そして③政府のアカウンタビリティ（説明責任）の3つであると主張した。アカウンタビリティの中核的制度は，人々の意見を代表する議会である。換言すれば，政治発展論は，政治哲学でしばしば問題になる三権（行政，司法と立法）それぞれの発展を問題にしていることが分かる。

なお，第一の潮流では民主主義定着のために制度化が重視されていたが，フクヤマは，選挙制度が定着した後に権威主義化を経験した新興国トルコやブラジルを念頭に置きつつ，過度の制度化が政治から柔軟性を奪うことも問題にしている（フクヤマ 2018)。新興国では，経済成長により新しい中間層が台頭したものの，既存の制度が中間層の期待に応えることができず，政治的な混乱に陥るという（Huntington 2006)。さらに，過度の制度発展により改革ができない発展の逆説もありうるとする。行政学ではしばしば官僚制の逆機能と呼ばれる現象である。フクヤマの政治発展論は，選挙にのみ注目することと，制度化を過信することそれぞれに批判的なところにも特徴がある。

新興アジアにおいて，政治発展の難しさを象徴するのがミャンマーの事例である。2021年にクーデターを実施した国軍は，長く少数民族主体の武装勢力との内戦を戦ってきた。まさにマックス・ウェーバーのいう特定領域内における正当な暴力行使を独占する力の獲得を目指してきた。しかしながら，国軍の支配は，法の支配やアカウンタビリティを伴う統治からも程遠く，政治発展の前途は多難である。クーデター以降，ミャンマーを東南アジア経済のフロンティアと捉えてきた日本企業を含む外資企業は，その戦略を大きく転換せざるを得なくなっている。

さらに，国家建設については，すでに新興国として成長を実現している諸国においても，特定地域ではウェーバー的な国家建設の途上というべき地域がある。フィリピン南部，特にミンダナオ島西部とスールー諸島には，1960年代以来の武装闘争路線を掲げる勢力がいる。2014年，当時最大の武装勢力であったモロ・イスラーム解放戦線との和平合意が実現し，バンサモロ・ムスリム・ミンダナオ自治区の創設が決まったものの，この地域全体の治安状況の改善にはいたっていない。

現地では，アル・カイーダ系といわれるアブ・サヤフ・グループがしばしば身代金目的の誘拐事件を起こしている。2016年には，当時のインドネシア政府高官が，「このまま放置しては，スールー海は東南アジアの（破綻国家）ソマリアになってしまう」と危機感をあらわにした。また，2017年にはイスラーム国家の樹立を目的として活動する過激派武装組織であるISIS（Islamic State of Iraq and Syria）に忠誠を誓ったマウテ兄弟を中心とする反政府武装勢力が蜂起した。この結果，ミンダナオ島西部のマラウィ市においておよそ5か月に及ぶ市街戦が発生し，国軍及び警察官165名，マウテグループ側962名，一般市民47名の犠牲者を出し，25万人以上の国内避難民が発生した（落合 2019，154頁）。

3. 政治発展論の現在地と今後

（1） よい統治（グッド・ガバナンス）―開発援助コミュニティの政治発展論

2節3項で紹介した政治発展論が台頭した背景として，2000年代のアメリカの戦争の失敗が重要である。2003年にはじまったイラク戦争当初，当時のブッシュ政権は，体制転換を重視した。バース党による権威主義体制を確立していたサダム・フセインを打倒すれば，民主化が実現するという単純な想定があったことは否めない。結果として，この想定通りには進まず，むしろイラクの政府が崩壊し，ISISの台頭にいたった。

また，アフガニスタンでも宗教を拠り所とする全体主義的な支配を目指したタリバンを駆逐すれば，民主化が実現するという想定は覆された。

アメリカをはじめとする有志連合による武力侵攻後に発足したアフガニスタン政府は，領域内の暴力行使の権限を独占できず，法の支配も政府のアカウンタビリティも確立できないまま，2021年８月にはタリバンの復権を許した。

イラクやアフガニスタンの経験を経て，民主化のみを焦点とする政治発展論は説得力を失った。一方，漸進的な制度改革を訴えているのが世界銀行をはじめとする開発援助コミュニティである。開発援助コミュニティは，途上国への援助に際し，コンディショナリティと呼ばれる条件を設定することが多い。第５章で触れるワシントン・コンセンサスにみられるように，国際金融機関は，政府の財政規律を強化すれば，経済発展の軌道に乗るものと想定した。しかしながら，多くの諸国は汚職にまみれ，改革の痛みだけが人々に押し付けられた。その結果，よい統治（グッドガバナンス）を実現するための政府の質に関心が集まるようになった。

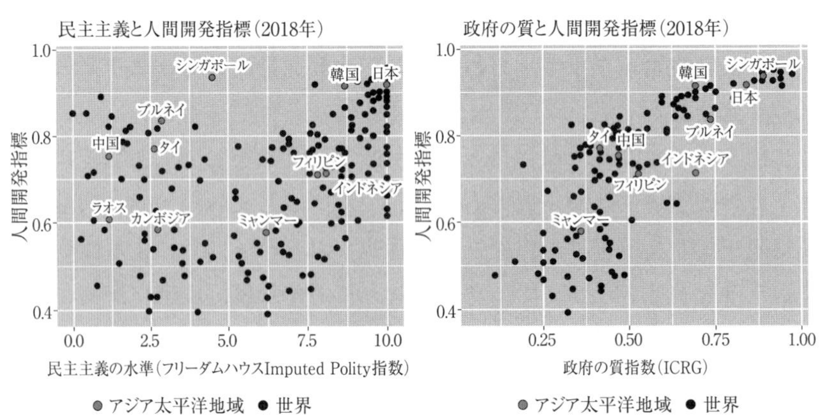

図４－３　開発と政治制度・政府の質指数

出所：Teorell et al.（2022）より作成。

図4－3は，人間開発指数を縦軸に，フリーダムハウスによる自由の程度を横軸に取ったものと，同じく人間開発指数を縦軸に，政府の質を横軸に取ったものを比較している。人間開発指数との相関をみると，明らかに政治体制（特に民主主義）よりも政府の質に高い相関がみられる。

上記の通り，よい統治論自体はそれ以前の援助のアプローチを批判するなかで生まれてきた。しかしながら，よい統治論自体も批判と無縁ではない。批判の最たるものは，成長と統治の相関があるといっても，因果関係が検証できていないということである。成長のためによい統治が必要なのか，成長の結果，よい統治が実現するのかは状況次第という側面が強い。むしろ，到達すべき目標が多様化したというのが実態ともいえる。

（2）　政治発展と今後の新興アジア

本章2節で取り上げた3つの潮流とも，複数の政治発展の経路を想定している。

民主主義の定着局面では，選挙制度に加え，報道の自由，結社・集会の自由，さらに政治主体としての政党の存在に注目が集まる。また，文民優位のための制度を含む憲法体制の確立が欠かせない。大統領制とするか議院内閣制とするか，中央集権制とするか連邦制とするかなど，制度設計自体が重要な争点となりうる。民主化に着目した潮流は，民主主義は複数の制度の組み合わせからなるという単純だが重要な事実に注目したことに意味がある。

また権威主義体制と政治発展に着目する潮流に共通する関心事項として，政治発展の双方向性がある。権威主義化は明らかに政治発展に逆行する動きである。また，3つの論点から政治発展を考える第三の潮流においては，イラクやアフガニスタンの事例のように，破綻国家の事例が視野に入っている。

政治発展に着目する第三の潮流でより重要なのは，フクヤマの指摘する政治発展を押しとどめる人間の性質である（フクヤマ 2013）。ルソーをはじめとする近代啓蒙思想を立論の主な根拠とした近代化論に対し，フクヤマは，近年の生物学や心理学の知見を踏まえ，人間が地縁や血縁を重視しがちであること，互酬性に基づく利他主義的感覚をもつこと，そして人間の暴力性を重視する。人間が地縁や血縁を優先する限り，権力者による近親者の優遇による法の支配の軽視や，第三者よりも近親者を重視するといったアカウンタビリティの限界が生じることは当然である。一方，互酬性に基づく利他主義的感覚とは，繰り返しやり取りをすることで，他者を仲間や友人と認識し，共感を育むことをいう。人間が孤立した存在ではなく社会的存在であることを意味する。また，暴力にさらされることを恐れる人間は，何らかの秩序によって一定の自由が制限されることを許容する。

以上を踏まえれば，政治発展は，経済成長と共に自然と実現するものではなく，意識的な努力なしには実現しえないものといわざるを得ない。本章3節でまとめたように，冷戦やグローバリゼーションの結果，政治発展論は特定国の住民のみの関心事項ではなくなっている。世界中から投資を呼び込む新興経済市場においても，ESG投資（Environment, Social, Governanceを考慮した投資）にみられるように，政治発展や社会発展を無視した経済発展路線だけでは対応しきれない状況になっている。また，中国に代表される新興ドナーの登場は，欧米主導の規範作りに重大な疑問を投げかけている。政治発展は，新興アジアが一層の発展を実現するうえでの重大な課題であり続けている。

5　経済発展のコンセンサスはあるのか

高木佑輔・伊藤亜聖

《学習のポイント》
・アジア経済論の系譜の中で開発国家論，ワシントン・コンセンサスや中国モデルといった概念の特徴とその限界を理解する
《キーワード》 市場友好的アプローチ，開発国家，ワシントン・コンセンサス，中国モデル，国家資本主義

1.『東アジアの奇跡』からワシントン・コンセンサスまで

(1)　市場友好的アプローチ

1980年代から東アジア諸国の急速な経済発展に関心が集まった。また国際情勢の激変の中で，ソ連（後のロシア）を含む旧東側諸国の市場経済への移行が重要な政策課題となった。ロシアを含む旧東欧圏について，当時は移行経済という表現が頻繁に用いられた。第三世界諸国の経済開発と移行経済の経済改革の方向性を考える際の参照点となったのが，高い経済成長率を誇る東アジア諸国であった。

世界銀行が出版した報告書『東アジアの奇跡』では，後にノーベル賞を受賞するジョセフ・スティグリッツを含む著者たちが，奇跡を説明するには3つの異なるアプローチがあると主張した（世界銀行 1994）。当時の経済学の主流派に近いのは新古典派アプローチで，その対極にあるのが修正主義アプローチである。『東アジアの奇跡』の著者たちは，この中間に「市場メカニズムに親和的なアプローチ（以下，市場友好的ア

プローチ)」を位置付け，それこそが奇跡の経済成長を説明する最適のアプローチだと主張した。

新古典派アプローチは，発展途上国や移行国においても先進国と同様に市場が機能すると想定した。高度産業社会の製品の多くは，製品を供給する側だけみても，原料調達，企画設計，製造，販売から広報にいたるまで，多数のアクターが関係する。需要側についても，生活必需品を必要とする消費者から，奢侈品を楽しむ消費者まで多様な消費行動が存在する。高度に発展した市場では，各アクターの利害を人為的に政府が調整するのは不可能であり，価格に依存して需要と供給を調整する。市場が十分に機能すれば，無数のアクターの需給調整の結果としての価格が定まり，資源効率は最大化する。市場に神の見えざる手の存在を見い出したスミスの議論の延長線上に新古典派の議論はある。新古典派アプローチでは，市場メカニズムを支える所有権をはじめとする法制度の重要性が強調されるが，それ以外の政府による経済活動への介入には否定的である。

これに対し，修正主義アプローチを強調したのが，韓国や台湾の経済成長を説明したアリス・アムスデンらの政治経済学者である（Amsden 1989)。アムスデンらは，韓国や台湾では，市場に経済活動の調整を任せるのではなく，政府が主体的に経済活動に介入することで経済成長を実現したと主張した。特に産業政策と呼ばれる政策により，農村主体の経済の工業化を急速に進めたことを強調する。アムスデンは，「価格を捻じ曲げる（getting the prices wrong)」政府の役割を強調しており，新古典派よりもはるかに多くの役割を政府に期待している。

このような新古典派と修正主義者の論争は，市場と国家のいずれが重要かという抽象的で，しばしば実証不可能な論争に陥りがちである。『東アジアの奇跡』の著者は，韓国と台湾のみならず，日本，香港に東南アジアの４か国を加えて分析し，両者の折衷案としての市場友好的アプローチを提唱した。このアプローチが重視するのは，市場の役割を理解し，市場メカニズムの強化を促そうとする政府の役割である。市場は重要だが，政府の介入がなければ市場メカニズムは安定的に機能しないという立場といえる。

市場友好的アプローチで重視されるのは，より実務的な論点である。汚職がなく効率的な官僚制，過度のインフレを押さえ，貨幣価値を安定させられるマクロ経済運営，良質な労働力を提供する教育制度，輸出市場を意識した貿易政策，高い貯蓄率と投資などである。『東アジアの奇跡』の著者は，新古典派が想定するよりも多くの政策領域において，政府が積極的な役割を果たすべきことを示唆しているが，修正主義者が論じるほど深く経済活動に介入すべきとは考えていない。

市場友好的アプローチの事例として『東アジアの奇跡』が注目するのがコンテスト・ベースの競争である。特に韓国などは，希少な外貨の割り当てを行う際，前年の輸出実績を参考にしたという。この政策の下では，外貨割当を得るために企業は輸出市場で競争しなければならないが，競争に勝つと政府による外貨割当という特権を享受できる。他方，政府は外貨割当という特権の配分に際して，縁故などに頼らず，公正な基準を採用することができる。市場に完全に任せるのではなく，政府の政策によりコンテストを実施することで，競争環境を生み出したことになる。市場に友好的な政府の役割の好例といえるだろう。

（２）「埋め込まれた自律性」とその起源

アムスデンよりも早く高度経済成長における政府の役割を指摘したのがチャルマーズ・ジョンソンの開発国家論である（ジョンソン 2018）。英語では developmental state であったが，日本語には「発展指向型国家」と訳された。ジョンソンは，日本の輸出産業育成における通商産業省（当時）の役割に注目し，市場を重視するアメリカ型とも，計画を重視するソ連型とも異なる政治経済モデルとしての日本の異質性を強調した。

ジョンソンの議論は，通産省の役割を過度に強調しているとして多くの批判にさらされたものの，政府と企業との関係を分析する研究が途切れることはなかった。特に，韓国，インドとブラジルの情報通信産業政策を比較したピーター・エバンスの「埋め込まれた自律性」の議論は広く参照される枠組みとなった（Evans 1995）。

エバンスは，途上国の政治経済モデルについて，発展の程度に応じて，開発国家，中間国家と略奪国家の3つに分類した。開発国家では，様々な既得権益から自律した官僚制が存在しつつ，その官僚制が民間企業との接点を活用して政策を立案することで経済開発を実現する。官僚制が社会の特殊権益から自律する一方，市場経済の中に埋め込まれていることにも注目するのが「埋め込まれた自律性」の議論である。

一方，略奪国家では，縁故採用や特定の人間関係に基づいて昇進が決まるなど官僚制が既得権益から自律できない。その結果，国家は民間の富を略奪する主体になり果てる。エバンスは，開発国家と略奪国家という2つの類型の間に，特定の政策領域でのみ「有効性のポケット」と呼ぶべき高い行政能力をもつ中間国家があると主張した。実際のところ，ほとんどの新興国は中所得国の罠の克服に苦しむ中間国家に分類できるだろう。

エバンスの類型論を踏まえ，そもそも開発国家はなぜ生まれるのかを検討したのがリチャード・ドナーらである。ドナーらは，国際的な政治環境からそのことを説明しようとする。カギとなる概念は「システム的な脆弱性」（Systemic Vulnerability）である。システム的脆弱性とは，直接に戦火を交える戦場にはならないものの，戦争が生じうる環境に置かれること，内乱が生じかねないほどの高いエリート間の競争環境，石油や天然ガスなどの不労所得が不在であることから生じる。この脆弱性に直面した国家エリートには，自国の生存のために資源を効率的に利用する強い圧力がかかる。ドナーらは，実例として明治期の日本，冷戦中の韓国，台湾，そしてシンガポールを挙げている（Doner et al. 2005）。

（３）　開発国家論とワシントン・コンセンサスへの批判

第３章でみたとおり，1997年にタイを起点とするアジア通貨危機が発生すると，『東アジアの奇跡』論は過去のものとなり，代わってアジア経済の構造的脆弱性が批判された。いわく，「アジアの資本主義は市場経済とはいえず，縁故やなれ合いに基づくクローニー資本主義である。ついてはクローニー資本主義を一掃するための構造改革を実現するべき」という主張である（第３章３（３）の「制度要因」）。構造改革の内容は，自由化，規制緩和と民営化を断行して市場メカニズムを拡張することである。

こうした新自由主義的な方策をパッケージ化した処方箋は，ワシントン・コンセンサスと俗称され，財政赤字の是正と税制改革，金利の自由化と為替レートの改革，貿易の自由化と直接投資の受け入れ促進，国営企業の民営化と規制緩和，所有権法の確立といった特徴をもっていた。

これに対し，日本政府を中心に，アジア通貨危機の原因は，資本市場の制度が十分に整う前に過度の自由化を進めた結果，短期資本の流入と流出に直面した際のセーフティネットが不在だったことにあると反論した（第３章３（３）の「金融要因」）。国内経済の類推でいえば，銀行取付に象徴されるような流動性危機であって構造問題ではないというのが日本政府の診断であった。

結果からみれば，アメリカの診断は間違い，日本の判断が正しかったと考えられる。1980年代末以降，アメリカの国際金融政策は，ワシントン・コンセンサスという一種のイデオロギーに支配されてきたと断じたのが世界銀行チーフエコノミストで，『東アジアの奇跡』報告書の執筆チームにも加わっていたジョセフ・スティグリッツである（スティグリッツ 2002）。スティグリッツは，ロシアと中国を比較しながら，性急な自由化改革をしたロシアを失敗，漸進的な改革を進めた中国を成功とみなした。

移行経済の代表であるロシアについて，アメリカをはじめとする西側の政策アドバイザーたちは，急激な自由化，規制緩和と民営化による市場メカニズムの開花を期待した。しかしながら，十分な民間経済アクターが存在しない中での改革の結果，一握りのエリートに富が集中した。しばしばオリガルヒ（寡頭支配者）と呼ばれる特権エリート層の興隆と一般のロシア人の困窮は，ウラジミール・プーチンを救世主とみなすロシア人の世代を生み出す結果ともなった。

ワシントン・コンセンサスの問題は，もともと慢性的なインフレに苦しんでいた南米経済に対する処方箋である緊縮財政と自由化の組み合わせからなる政策パッケージを，全世界に当てはまる政策パッケージのように濫用した点にある。ラテンアメリカにはラテンアメリカの，東アジアには東アジアの独自の経済発展経路があり，それらを無視した一方的な改革は，ロシアのような極端な失敗につながりかねない。

2. 中国モデルとその限界

（1）「中国の奇跡」

1980年代から2000年代にかけて，国レベルでみて世界で最も高い経済成長率を達成したのは中国であった。中国は東側陣営に属し，1970年代末まで社会主義計画経済体制を採用していた。毛沢東が1976年に死去し，1978年以降に徐々に改革開放路線を進みはじめる中で，計画経済から市場経済への移行を目指す，移行経済の一つと理解された。

ロシアが市場経済化への移行の際に急激な自由化，規制緩和と民営化を採用したのは前述とおりである。いわゆるビッグバンと呼ばれる方法である。それに対して中国は「川底の石を探りながら川を渡る」とも呼ばれる，段階的なアプローチを採用した。この比喩では，川の手前が計画経済，川の向こう側が市場経済を意味する。国営企業の改革を進めつつも，計画経済をすぐには取りやめず，民営経済を振興することで計画外での成長を目指した。改革の速度としては漸進的改革，計画外の成長部門を目指す方法論としては増量改革と呼ばれた（計画外での経済のパイを増やそうとするアプローチ）。

こうした改革の考え方は，中国経済が有した低開発かつ計画経済という初期条件を重視した一方で，経済学の標準的な考え方にも忠実なものだった（林・蔡・李 1997）。第一に，企業や農民の自主決定権を拡大し，ミクロな経済主体に経済的インセンティブが働くように改革が進んだ。国営企業の民営化が進められ，また民営企業の創業も活発化することで，雇用や付加価値創出の面での主役は次第に民営企業となっていった。第二に，経済特区の設置に代表されるように，外国からの直接投資を受け入れはじめ，積極的に国際分業に参画していった。毛沢東期の閉鎖的な重工業化路線から，外へと開かれた国際分業重視の戦略（比較優位戦略）へと転換していった。

（２）　中国モデルを巡って

中国が計画経済からの市場経済化を進めた一方で，中国共産党の一党体制は揺るがなかった。すでに第４章でも触れたとおり，このような現象は経済発展のもとでの中間層の台頭が民主化につながるという近代化論とは相いれないものだった。鄧小平が目指した中国共産党の統治を維持しながらの段階的市場経済化という路線が継続し，また機能したのである。

2008年の世界金融危機により米国の金融市場が混乱に陥る中で，中国政府は4兆元の大規模な景気刺激策を通じて，V字回復を遂げた。こうした状況のもとで，2010年頃から米国型の市場経済よりも，中国の政治経済システムに優位性があるのではないか，という議論が徐々に目立ちはじめた。

中でも注目を集めたのは「北京コンセンサス」や「中国モデル」といった言葉である（ハルパー 2011)。ワシントン・コンセンサスを念頭に置いて，新自由主義的な方策とは異なり，発展途上国の政治体制の維持と政策イニシアティブを強調する立場である。国家が出資者となるソブリン・ウェルス・ファンドが大きな役割を果たす経済を念頭に，中国だけでなく，ロシアや中東諸国を国家資本主義と呼ぶ議論も登場した（ブレマー 2011)。

中国モデル（あるいは北京コンセンサス）を巡っては，中国国内からも賛否両論が提起された。その論点はモデルの存在の有無やその有効性に加えて，諸外国，特に他の発展途上国への応用可能性の有無にも及んだ。特に市場改革と対外開放が経済成長に果たしてきた役割を重視する学者は，中国の改革が総じてワシントン・コンセンサスに忠実であった側面を強調し，中国モデル論の台頭に対して懐疑的であった。

いずれにしても中国共産党と中国政府の公式見解としては，市場化改革を強調する「改革開放」という言葉を使い続ける一方で，国家の経済体制としては「中国の特色ある社会主義」という，より中国独自の路線を強調している。国内からの批判として注目を集めたのは，「体制移行の罠」論と，関連した「国進民退」論である（関 2013)。「体制移行の罠」論は，計画経済から市場経済への移行過程の途中段階で，国有企業が肥大化し，徐々に更なる市場化改革の抵抗勢力が生まれて改革がとん挫することを危惧した。前述の「川底の石を探りながら川を渡る」との比喩になぞらえるならば，川中でもはや川を渡ることをやめる，とも表現できる。関連して，2008年の世界金融危機後の大規模な公共事業が，建設セクターをはじめとする国有企業の肥大化につながることを危惧した「国進民退」論も登場した。

中国経済が1980年代以降に共産党体制のもとで経済成長を維持したことは事実である。しかしここまでの議論からも明らかなとおり，それを権威主義体制の優位性と捉えるのは安易すぎる。なぜならば「中国の奇跡」の要因を考えていくと，農民や企業といったミクロな経済主体にインセンティブを与えるような改革や，対外開放といった，よりスタンダードなメカニズムが中国経済の成長をけん引してきた面が明らかなためである。同時に中国に特徴的な制度が，中国経済の成長をある側面からサポートしてきたことも否定できない。

（３） 昇進競争と地方での実験

中国モデルの一つの制度的なメカニズムとして研究者の注目を集めてきたのは，いかに地方間での競争を促し，新たな改革を試行的に実施し，それを国家としての成長につなげていくのか，という問題である。

北京大学の経済学者・周黎安らは，1979年から1995年までの，中国の最上層の地方政府レベルに当たる省トップの官僚データを用いた分析から，管轄地域の経済成長率を高めることが，その後の同人物の昇進の確率を高めることを示した（Li and Zhou 2005)。彼らは昇進を目指すインセンティブの存在が，2000年から2011年までの都市レベルの開発と拡張にもつながったことを報告している（Wang et al. 2020）。昇進競争の仕組みは中国共産党内部の人事システムに能力主義的な側面があることを意味する。前述のエバンスの開発国家と略奪国家の議論に引き付ければ，能力に基づく競争的な官僚制が，中国経済の成長をもたらした一因と解釈することもできる。

またドイツのトリーア大学の政治学者セバスチャン・ヘイルマンは，改革開放期に中国で採用された地方レベルの試験的改革の役割に着目した（Heilmann 2018）。彼によれば，経済特区の設置に代表されるように，中央政府が改革の方針を示しつつも，その具体的な施策の立案と実施は地方レベルの政府に委ねられた。そして成果を挙げた政策が全国的な政策へと引き上げられ，「点から面へ」と広がっていった。彼はこの政策策定過程を非標準的なものだと指摘し，その中に権威主義体制下での試行錯誤と政策的柔軟さが含まれていたことに注目している。

しかしこうした地方幹部の昇進競争や試験的改革にも限界はある。昇進競争を巡っては中央の政治家とのコネの重要性も指摘されるし，加えて経済成長を強調した人事評価は弊害も生んだ。特に地方政府に都市部の土地の所有権があるゆえ，この所有権が高値で開発事業者に払い下げられて開発資金となる一方で，住民への補償がおざなりにされるという問題も頻発してきた。財政面でも「土地財政」と揶揄される構造を惹起し，また環境問題を無視した非持続的な開発プロジェクトにつながった。こうした問題に対応するために，中国政府は土地の利用用途の厳格化を進めるほか，地方政府の評価の指標に環境基準をはじめとする，より多様な指標を導入するといった対応を進めている。また試験的改革についても，そもそも成果を挙げやすい地域が選ばれる傾向や，ローカルな経験を全国展開する際に前提条件（例えば発展水準）の大きな違いも問題になりうる。

3. 制度論の復権？

（1） コンセンサスを超えて

ここまでの議論を再度整理するならば，理論あるいは実践をもとに「コンセンサス」らしきものが提起され，それに対して懐疑的な見方が提示されるというサイクルがあったことがわかる。

本章で取り上げた第一の議論は，「東アジアの奇跡」という現実に基づいて提示された，市場友好的アプローチであった。あえて単純化すれば，一種の「東アジア・コンセンサス」であった。これに対して，第二に取り上げたのは，より新自由主義的な思想に基づく処方箋を強調するワシントン・コンセンサスであった。そして第三に登場したのは，権威主義体制のもとで高度成長を実現した中国の実践に基づく北京コンセンサスであった。ある成功事例から含意を引き出そうとする取り組みや，理論的な立脚点からの処方箋が交錯してきたわけである。

政治制度に着目すると，政治制度と経済成長との間の因果関係の立証は困難である一方，個別の経済政策やマクロ経済の安定を支える制度と経済成長との因果関係はより明確である。そう考えると，経済成長を実現，維持するために必要なのは政治体制をうんぬんすることではなく，適切な経済政策を立案，実行することである。アジア開発銀行が，自行の取り組みを含めてアジアの開発史を振り返った書籍においても，「アジアン・コンセンサスのようなものはなかった」と断言している（アジア開発銀行 2021）。

その際に大切なのは市場に限らず競争を実現する環境の整備である。それは政府のデザインするコンテストやトーナメントのこともあれば，輸出市場という特定政府の管轄外の市場を指すこともある。ただし，輸出市場の拡大には，輸出先市場を管理する相手国政府との利害調整が欠かせない。冷戦期には，冷戦という構造要因が，米国市場の開放を一定程度保証していた。米国経済が停滞する中，各国政府は経済連携協定等を通じた国際的な経済活動の市場環境整備が必要になる。

（2） 国際経済に「埋め込まれた自律性」

これまでの議論で触れていないのが，各国経済を取り巻く地域経済や国際経済の存在である。しばしばアジア政治経済論で取り上げられる開発主義の議論は，今から振り返ると冷戦構造には視野を充てる一方で，国際的な経済統合への視点は欠けていた（東京大学社会科学研究所 1998)。以下では，一国のみに注目する政治経済論の限界を考えたい。

開発主義の議論は，主に1960年代以降，北東アジアと東南アジア諸国の政府が相次いで経済政策を転換したことに注目する。多くが新興独立国であったこれら諸国は，過度な保護主義，エスニックマイノリティである華人資本の抑圧，そして無理な輸入代替工業化政策のような政策パッケージを採用していた。経済合理性よりもナショナリズムを重視するこうした政策パッケージが各国で破綻した後，欧米で経済学などを学んだテクノクラートを重視したマクロ経済管理，外資誘致と輸出志向型工業化などからなる新たな政策パッケージを採用した。また，タイ，インドネシアやフィリピンでは，反共産主義を掲げる強権的な権威主義体制が確立したことも，開発主義論の枠組みの中で整理された。

開発主義の議論は，20世紀後半の東南アジア諸国の政治経済体制を理解するうえで参考になるものの，必ずしも経済成長の原因を解明しようとするものではない。例えば，フィリピンも同じように開発主義的な政策パッケージを採用したにもかかわらず，経済成長の面で近隣東南アジア諸国に大きく後れを取ったのはなぜだろうか。フィリピンの失敗について，クローニー資本主義を指摘する議論もあるが，フィリピンと同程度に腐敗していたとされる韓国の事例を考えると説得力は弱い（Kang 2002）。

1980年代以降のフィリピンの経済開発の遅れは，1980年代のアジア太平洋地域の経済変動を視野に入れることで理解できる。第3章でみたプラザ合意により，1980年代後半，日本円は米ドルに対して急激に切りあがり，日本製品の輸出競争力は激減，コスト削減圧力から，日本企業は東南アジア地域に生産拠点を移した。この時，日本企業が向かったのが，外資誘致政策を実行し，政治的にも安定していたインドネシア，タイ，そしてマレーシアであった。フィリピンは1984年のベニグノ・アキノ元上院議員暗殺から1986年のピープルパワー革命にいたる政治変動の最中にあり，多くの企業が投資先に選ぶことはなかった。

本章1節と2節は，新興アジア諸国の経済体制に注目したが，実際の経済実績を考えるには，その時々の地域経済や世界経済の動向を視野に入れる必要がある。本書第11章以降は，各国の経済活動が埋め込まれているグローバル経済や国際関係の構造を分析していく。

6　中所得国の罠

伊藤亜聖

《学習のポイント》
・中所得国の罠に関する経済学的，そして政治学的な説明を理解する
・アジア個別国の成果と課題の一端を理解する
・「アジアの世紀」論の前提とコロナ危機よる影響を理解する
《キーワード》　中所得国の罠，成長会計，政治的分断，産業政策，アジアの世紀

1．中所得国の罠の政治経済学

(1)　経済成長論

アジア諸国が世界の中でも高い経済成長率を実現してきたことは第3章をはじめ，すでに確認してきた。この結果，低所得国段階から多くの国々が世界の中でも中間レベル，すなわち中所得国の段階に入ってきている。これまでの成長軌道を維持できれば，アジア諸国は軒並み高所得国になることができる。しかし，このようなシナリオを実現することは容易ではない。国際的な経験に基づけば，多くの国々が，中所得国段階に長期的にとどまることが確認されているためだ。

まずは関連データから中所得段階での成長の停滞について確認しておこう。

図6－1は一つ一つのバブルが国を指し，横軸には1960年時点の一人当たりGDP（つまり経済発展水準），そして縦軸に2018年時点の一人当たりGDPをとったものである。バブルの大きさは人口規模を意味して

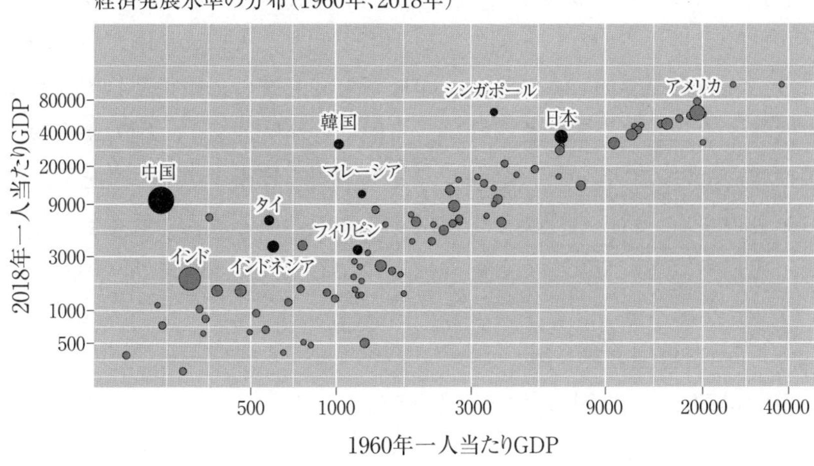

図6-1　中所得国の罠（1960年と2018年の一人当たり GDP）
出所：世界銀行・世界開発指標より作成。

いる。このように作図すると，図右上に位置する国々は，1960年時点ですでに高所得水準にあり，なおかつ2018年時点でも高所得国であり続けている国々である。1960年時点では中低所得水準で，2018年まで所得を高めた国々は図の中央上部に位置し，アジア NIEs の例えばシンガポール，韓国が含まれている。一方で，図の中央部分の国々は，2時点間で中所得国であり続けたことを意味し，数が多いこともわかる。これが「中所得国の罠」と呼ばれる現象である。

本章では中所得国の罠をアジアの事例から考えていくが，それに先立って，経済成長に関して，経済学の成長理論からの説明を確認しておこう。

経済成長を説明する理論としては，投資に着目した理解（ソローモデル）と，イノベーションに着目した理解（内生的成長モデル）がある。

前者は，所得水準の成長に寄与する要因として，一人当たりの資本ストックに着目している。一国資本投入率が低く，人口成長率が高い場合には，一人当たりの資本ストックが低下してしまい，結果として成長率が低迷することになる。後者では，自国での研究開発や，国外からの直接投資の受け入れといった経路で，先進国から技術・ノウハウを学ぶ能力を重視する。新たな成長を生み出す知識の創出と流入が低迷することが，成長の低迷につながるという見方になる（戸堂 2015，88-103頁）。

（2）「中所得国の罠」論

中所得国の罠にはじめて言及したのは，インダーミット・ギルとホミ・カラスの『アジアのルネッサンス』と名付けられた報告書である（Gill and Kharas 2007，pp. 17-18）。ギルとカラスの問題意識は，上記の2つの理論のうち，前者の投資に頼った成長モデル（ソローモデル）は，発展の初期段階に適合的な理論である一方で，後者のイノベーションに基づく成長理論は先進国において適合的な説明だ，という点にある。つまり，発展の初期段階では投資を重視すべきこと，そして先進国化してきた段階では，革新を重視すべきことは明確である。問題は，その中間，つまり中所得国段階でいかなる政策的な手段をとるべきなのかという点にある。

中所得国の罠については論者によって視点の違いがあるが，ギルとカラスによる定義は上記の問題意識を反映している。「私たちが記述した中所得国の罠とは，自国の成長戦略を経済の構造的特性に合致させることができなかった場合に生じる，政策の誤診による罠である」（Gill and Kharas 2015，p. 7）。

彼らは具体的には中所得国が陥りやすい罠として，2つの類型を挙げている。一つは，賃金上昇によって競争力が低下しているにも関わらず，労働集約的産業の輸出主導型成長を維持しようとするケースである。もう一つは，「知識経済」に早々と飛躍しようとする国がみられた一方で，そのための制度的な整備が全く整っていない場合である。つまり一方では競争力を失いつつある従来型の産業に執着しすぎることが罠であり，もう一方では準備不足にも関わらずハイテク産業に移行しようとすることにもリスクがある，という議論である。

（３）　投入型成長路線の限界

資本投入による成長は，投資効率の低下に直面する。

設備投資は，有望な投資プロジェクトは限られており，追加的に投資をすればするほど徐々に投資に対する収益が低下していく（限界投資効率の低下）。新幹線を例にとれば，1964年の東京オリンピックに向けて，東海道新幹線が開設されたが，これは東京と大阪という日本の二大都市圏をつなぐ，もっとも需要があり，商業ベースでの収支見込みの立つ事業であった。しかし２本目，３本目と新幹線を延伸・開設していく中で，例えば20本目の収支はどうなるだろうか。実は中国でも2008年の北京オリンピックに向けて高速鉄道の敷設が進められ，最初に開通した路線は北京と天津をつなぐものだった。その後，2011年には北京—上海間をつなぐ路線が開通した。日本と同様にもっとも需要がある路線の一つといえるが，増設が進む中で当然ながら徐々に限界投資効率は低下していくことになる。

労働量の増加に依存した成長もまた持続が難しい。第７章でみるように，一国の働き盛りの人口（生産年齢人口）は，経済発展のある段階でピークを迎えて，その後低下していくことが知られている。移民の受け入れによって，働き盛りの人々を補充することは論理的にはありえるし，またシンガポールやタイではすでに労働力としての受け入れが進んできた。同時に，移民の受け入れは国内での労働市場で自国民の就業機会が奪われるという議論とつながりやすい。

結果的に，中長期的に経済成長を維持するためには，革新を通じて生産性を引き上げることが不可欠だという結論になる。資本や労働に依存した投入主導型成長から，徐々に生産性主導型へと転換することが求められる。しかし問題となるのは，中所得国といってもその産業構造や研究開発の基盤は多様であり，そこに共有の罠と処方箋があるとみることには限界がある。このため，「要素投入型成長路線の限界」と呼ぶ立場もある（末廣 2014，129頁）。

2. アジア諸国の実践

（1） なぜ改革が困難か？

問題となるのは，どのようにすれば生産性を高められるのかである。ギルとカラスの議論では，中所得国の罠を避けるうえでのポイントは次の点にあるとされた（Gill and Kharas 2007；Gill and Kharas 2015）。

① 貿易の円滑化と技術の研究開発
② アイデアの創出とイノベーションの推進
③ 金融リスクの管理
④ 都市化の実現
⑤ 不平等の抑制
⑥ 腐敗対策と透明性
⑦ 人口動態
⑧ 企業家精神とスタートアップ
⑨ 対外的なコミットメントと地域主義への参加

ギルとカラスが挙げるポイントはいずれも重要であるが，9つの論点を見渡すことは容易ではない。そこで，以下では，下記の3点に集約して考えてみたい。

(a)「人的資本と研究開発への投資を通じた産業構造の高度化」(上記の①，②，④，⑧)

(b)「不平等や腐敗への対処」(⑤，⑥)

(c)「国際経済との接続にともなうリスクの管理とコミットメント」(③，⑦，⑨)

第一に考えてみたい論点は，「人的資本と研究開発への投資を通じた産業構造の高度化」である。一国経済の生産性を高める方策はいくつか考えられる。一つ目は，低生産性部門から高生産性部門へと重点を移していくことで，産業構造の高度化とも呼ばれる。例えば一人当たり1年間働いて500万円分の付加価値を作る部門Aと，1000万円分の付加価値を作り出す部門Bがあった場合，労働者が部門Aから部門Bに移動することができれば，付加価値額は増加する。

より生産性の高い先進国からノウハウを吸収することで，各産業の生産性を引き上げることも考えられる。外資企業の受け入れを一層促進して，より高度な産業，人材，知識の吸収を目指す方策である。加えて，自国の教育や研究への投資を増やすことも重要である。いわゆる人的資本のレベルを引き上げるべく，高等教育機関を拡充させ，また企業や公的機関での研究開発を促進することも有効だろう。実際に韓国，台湾，香港，シンガポール，そして中国は，国際的なランキングでみて上位に入る研究機関を輩出している。加えて，企業による研究開発の面でも，韓国，台湾，中国の電子機器産業からは世界的に有力な企業が登場している。

第二に考えてみたいのは，「不平等や腐敗を含む政治学的な分断と課題への対処」である。言い換えるならば，社会的な分断が，中所得国の罠を避けるための政策的な取り組みの実行を妨げてしまうリスクである。

世界的にみると,「中所得国の罠」にはまってしまっているとみなされる国々も少なくない。こうした国々ではなぜ必要な対策がとられず,またとられたとしても機能しないのだろうか。政治学者のリチャード・ドナーとベン・ロス・シュナイダーによれば,「中所得国の罠」に陥っている国は,制度的な改革の必要性にもかかわらず,政治的な分断ゆえに改革の実現に苦慮していると説明する(Doner and Schneider 2016)。

彼らによれば人的資本やイノベーションといった生産性を向上させるために必要な政策は,制度的能力への投資を必要とする。そして経済発展に伴って社会が多様化することで,政治的な支持が分断されてしまう。制度構築のための合意が弱い状況では,生産性を高める制度改革を実施することが困難である,という見立てである。ドナーとシュナイダーは,特に企業や労働者といった社会集団の分断や,不平等が政治を停滞させる中で,新たな改革を実施しなければならない点を強調している。

この現状を考えるうえでは,都市と農村の対立を考えてみることができる。国際競争を生き抜こうとする都市は,より高付加価値な産業を作り出すためのハイレベルな研究機関の拡充や一層のインフラ投資を求めるだろう。一方で発展から取り残されがちな農村部は,基礎的なインフラ投資や,より基礎的な教育の充実を求める。この間で,政治的な分断が生じて,イノベーションのための十分な支援が行えなくなるリスクがある。

第三に考えてみたいのは,「国際経済との接続にともなうリスクの管理とコミットメント」である。国際経済の中で新興国・途上国が成長を目指す場合,すでに第3章で確認したように,輸出志向型工業化が一つの有効な選択肢となってきた。それは必然的に国外との貿易,そして国外からの投資を受け入れ,また外貨との為替市場の整備が必要となる。中でもアジア金融危機の経験が示しているように,海外からの短期的資金の流入が，突如流出しはじめた場合には，マクロ経済にダメージを与えうる。海外の投資家や企業を引き付けるために，対外開放へのコミットメントが必要な一方で，リスクへの対応も必要となる。

（２） 実践論としてのプロアクティブな産業政策

上記のようなセミマクロな条件に加えて，より実践的で具体的な政策と政策の実施体制に着目することもできる。開発経済学者の大野健一は，過去から現在までの各国の政策のベストプラクティスを学び，そして自国に最も適合する政策パッケージを創出する能力が求められているとする（大野 2013，26-31頁）。中でも国際化時代に即した「プロアクティブな産業政策」を各国がそれぞれ立案して実行していくことの重要性を強調している。

プロアクティブな産業政策とは，グローバリゼーションと市場主導による発展を軸としながらも，強い権限と責任をもった国家のイニシアティブのもとで後発国の産業化に必要な具体的な政策手段を確保・開発・実践・検証していくアプローチである（大野 2013，50-55頁）。

東アジアの産業能力強化の実践の中から見い出される具体的な政策手段としては，①カイゼン活動の普及と促進，②中小企業診断制度による持続的な企業への経営サポート，③工科大学の設置による理工系技術者の育成，④工業団地・サイエンスパークの設置とそれによる産業の地理的集中の効果の発揮（産業集積，クラスターの形成），⑤工業団地と隣接した関連職業訓練センターにおけるトレーニングと就職斡旋，⑥戦略的で投資家に訴えかける外資企業誘致が挙げられる（大野 2013，91-111頁）。

(3) 高所得国への転換～韓国と台湾

以上のセミマクロな条件とミクロな政策メニューを踏まえて，個別事例を取り上げて検討してみよう。

第一のグループは，2000年代までに，少なくとも一人当たりGDPを基準に考えれば成功裏に高所得国入りを果たしたと評価される国々である。

アジアNIEsはこうした観点からみて，多くの成果を上げている。産業構造の高度化の観点では，第一次産業から第二次産業，そして第三次産業への転換が進んできた。また多国間の貿易投資協定に積極的に参加することで，外国からのノウハウの吸収を促進した。加えて，自国内での研究開発投資が重点化されてきた。中でも韓国は研究開発への投入を世界でも最も重視している国の一つとなっている。対GDPでの研究開発支出額比率ではOECD諸国平均を大きく上回っている。2010年にはOECD平均は2.34%，韓国は3.32%であったが，2018年にはOECD平均は2.56%，韓国は4.53%に達している（世界銀行・世界開発指標）。

次頁の図6－2は，横軸に一人当たりGDP，縦軸に人口100万人当たりの特許出願数をとったものである。右肩上がりの線が示すのは，高所得国では総じてより多くの特許を出願しているという相関関係を示している。そして東アジア諸国の傾向線が，全世界の傾向線よりも上に位置していることは，アジア諸国では平均的にみて特許出願を重視していることを意味している。この図において，韓国は傾向線よりも大幅に上に位置していることがわかる。個別企業に目を転じても，サムスン電子やLGグループといった企業は，電子機器製造業で高い国際競争力を発揮している。

本書の第11章で取り上げるように，国際的な付加価値の連鎖（グローバル・バリュー・チェーン）の中で，後発企業が位置取りをみつけ，そ

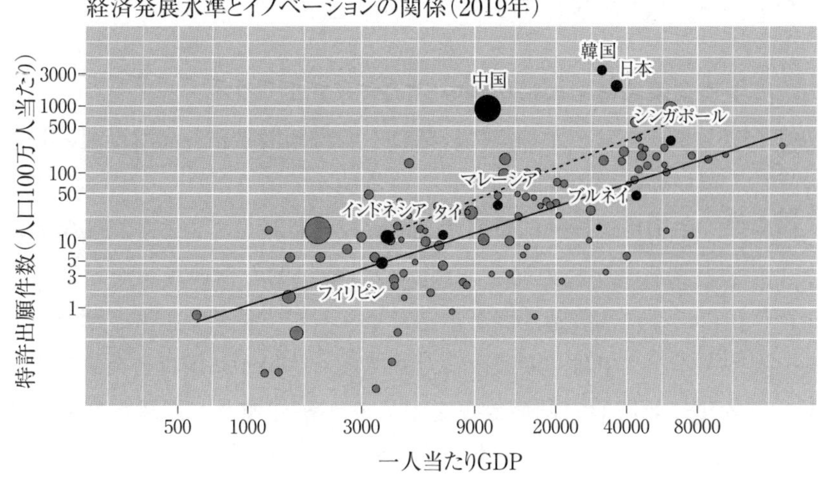

図6－2　経済発展水準とイノベーション（特許出願数）

出所：世界銀行・世界開発指標より作成。

してその地位を高めていくことは容易ではない。韓国や台湾の電子機器製造業の経験は，この観点から貴重な知見を提供している。

ただし，一人当たりGDPや研究開発の面での進展は，必ずしも社会の安定をもたらしているとはいえない。韓国ではアジア金融危機により財閥系企業の倒産や株価とウォンの暴落に直面し，1997年12月に国際通貨基金（IMF）から新自由主義的な改革案を受け入れた。この影響は産業の競争力の引き上げには貢献した一方で，解雇規制の緩和を含む労働市場への影響も大きかった。高所得化を実現した一方で，格差の拡大をもたらした面がある（大西 2014)。このように考えると，前述の（a）産業構造の高度化，（b）不平等や腐敗への対処，（c）国際経済への接続という3つの論点は必ずしも同時並行的に進むとは限らない。韓国の場合，（a）と（c）によって高所得国化を実現した一方で，（b）のうち特に不平等はむしろ悪化した。

（4） 中所得国段階での模索～中国，ベトナム，タイ

第二のグループは，2010年代以降に中所得国段階から高所得国入りを目指し，積極的に政策を起動させている国々である。

例えば，中国は積極的に新興産業の育成を目指している。2000年代には「国家中長期科学技術発展規画」で，戦略的な新興産業を指定し，2010年代には「中国製造2025」構想でより一層支援策を拡大させた。成長を維持するうえでは，産業政策だけでなく，いかに国有企業改革や，少子高齢化に対応した制度改革を進めるかが課題だと認識されている（蔡 2019）。政治的な分断は共産党体制のもとで，表面化していないが，潜在的には格差問題は深刻となっている。このため，習近平政権は2021年以降，格差是正と所得の底上げを目指す「共同富裕」論を重視している。国際的なコミットメントの面では2001年のWTO加盟を契機として，国際ルールに整合的な改革が必要になったことも指摘できる。

ベトナムも，経済改革と国際経済への積極的な参加を通じて，経済成長を実現している。2000年時点で390ドルであった一人当たりGDP（名目）は，2010年に1,317ドル，2019年には2,715ドルへと高まっている。同時に，工業生産に占める外資企業の比率が2013年には50％に達し，外資企業への過度依存や，土地市場・金融市場での国有企業への優遇が課題として指摘されている（トラン，刈込 2019，229-252頁）。経済成長が続いてきたことも事実であるが，労働者の1時間当たりの労働生産性をみると，ベトナムは2019年時点でも引き続き先進国とは大きな差がある状況にある（表6－1）。

興味深いことにベトナムにはサムスン電子をはじめとする韓国企業が重点的に投資を行い，製造拠点を作り上げている。こうしたアジア域内

表6－1　労働生産性の推移（1970-2019）

国名	1970	1980	1990	2000	2010	2019
アメリカ	33.2	39.3	45.1	55.1	68.2	73.7
シンガポール	9.5	18.9	22.6	30.5	48.0	54.6
日本	11.6	19.8	27.3	39.4	43.9	42.5
中国	1.6	1.9	2.4	3.9	8.2	10.3
タイ	2.5	3.2	4.5	6.2	10.4	15.2
ベトナム	0.9	1.1	1.2	2.1	3.7	6.7

注：1時間当たりの労働生産性（2017年ドル換算）。
出所：Feenstra et al.（2015），Penn World Table version 10.0より作成。

を含めた外資企業の受け入れは，ベトナムの輸出品目の高度化をもたらしたという点で明らかに一つの成果を挙げている。一方で，過度に外資企業に依存した産業構造が持続した場合，地場企業の技能形成が進まないリスクもある。ベトナムの政策当局者もこの点を政策課題として認識しており，外資企業に対して輸出や雇用といった指標に加えて，ローカルな企業の技能形成や研究開発能力の向上への貢献を期待するようになっている。

タイにおいては，2006年に軍によるクーデターによってタクシン政権が崩壊して以降，長らく混迷が続いてきた。2013年以降は，経済成長率でみてベトナムやフィリピンよりも低い傾向が続いており経済も低迷している。2014年には再度クーデターが発生し，それによりプラユット暫定政権が成立した。タイが中所得国の罠にはまりつつあるのではないかという危惧を背景に，同政権は2036年までに高所得国化を目指すタイランド4.0計画を提起している（大泉 2017）。特に重視されているのは産業構造の高度化である。同構想では，次世代自動車産業やスマートエレクトロニクスといった既存産業の延長線上の部門と同時に，ロボット産業やバイオ・医療産業といった未来型の産業の長期的な育成が目指されている。しかし，その後も成長率は低迷を続け，コロナ危機直前の2019年の成長率は2.2%であった。

3.「アジアの世紀」説とコロナ危機

（1） 想定されていた２つのシナリオ

前節で取り上げたように，「中所得国の罠」の視点から，個別国の構造改革を評価し，また長期的な成長シナリオを考えることもできる。より大胆に，「中所得国の罠」のフレームワークを，アジア地域全体の成長率の推計に援用している研究もある。

アジア開発銀行から刊行された報告書『アジア2050：アジアの世紀を実現する』では，2050年までの長期推計のシナリオとして「アジアの世紀シナリオ」と「中所得国の罠シナリオ」の２つを提示した（Kohli et al. 2011, p. 293)。「アジアの世紀シナリオ」では，過去30年以上にわたって生産性を高めて世界最先端の実践を吸収してきたアジア諸国が，今後40年にわたって生産性を高めて（収れんを実現していく）という仮定を置いている。それに対して「中所得国の罠シナリオ」では５年から10年の間に「中所得国の罠」に陥り，生産性の向上を停滞させ，過去30年間のラテンアメリカのパターンを辿ることを想定している。前者は楽観的なシナリオで，後者は悲観的なシナリオだといえる。

図６－３に示した推計結果によれば，「アジアの世紀シナリオ」では，2050年のアジアのGDP規模は174兆ドルに達し，世界のGDPの52%を占める。これに対して「中所得国の罠シナリオ」ではアジアのGDP規模は65兆ドルにとどまり，世界経済に占める比率は31%にとどまる。

（2） 想定外のコロナ危機とその影響

報告書『アジア2050』の刊行から10年以上が経過した現時点から考え

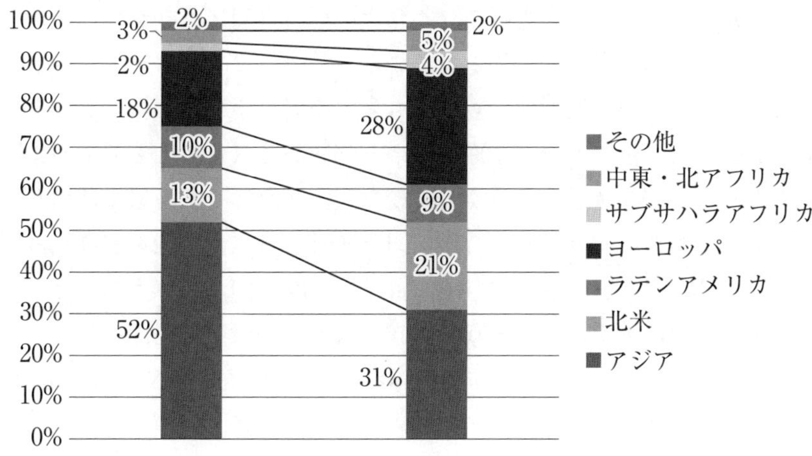

図6－3　シナリオ別の世界GDPに占める各地域の比率

出所：Kohli et al. (2011), p. 293より作成。

ると，アジアの成長軌道そのものに着目すれば，楽観シナリオよりも，悲観シナリオが現実味をもっているように思われる。この背景にはいくつかの要因がありえる。一つには新型コロナウイルスの世界的な流行という予期せぬ危機が世界経済を襲ったからであり，また米中対立の激化と地政学的な緊張の高まりによって，楽観的なシナリオが前提としていた平和的な国際環境という条件が揺らいでいるからでもある。

いずれにしても，コロナ危機がアジア諸国を含む世界各国に与えた影響は甚大である。一国レベルでのマクロ経済の観点から考えると，次の点は明らかである。第一に，各国は感染症対策，景気刺激策，現金給付策などによって多額の財政出動を迫られ，結果として財政収支のバランスは大きく赤字へと傾いた（World Bank 2021）。

第二に，コロナショックの大きさは職種・業種にとって不均一に表れ，特にアジア諸国で低所得層が生業とする比率が相対的に高い観光業，小売業が大きなダメージを受けた。これは中低所得層に大きな負荷をかけ，絶対的貧困人口の増加も指摘されている。

第三に，感染症の流行は，教育にも多大な影響を与えた。ロックダウンによって世界中で学校が全面閉鎖か一部閉鎖された。国際機関の集計によると，2020年３月１日時点で学校を全国または一部地域で閉鎖している国は12か国にすぎなかったが，同年４月１日には閉鎖を実施した国は200か国に達した。感染のピーク時には，188か国の16億人の子どもたちが休校の影響を受け，そのうちの10億人以上が低中所得国に住んでいたことが報告されている（World Bank, UNESCO, and UNICEF 2021）。特に低所得家庭では，オンライン教育への対応が難しい。この結果，経済的弱者ほどコロナショックの影響を強く受けるという過酷な状況となった。失われた教育機会の影響は，今後長期的に当該世代の教育成果に影響を与え続けると警告されている。

このようにパンデミックという予期せぬショックによってアジア経済の展望は影響を受けている。中所得国段階で生じた未曽有のショックが，財政や教育をはじめとして，いかなる中長期的な影響を与えているかは，今後検討が必要な論点である。

振り返ってみると，中所得国の罠論の登場はアジア経済が前に進んでいく中で，新たな段階に入ってきたことの証左でもあった。そして，アジア経済は新たな技術的な進展（とくにデジタル化の進展）という新たな機会とリスクにどう対応し，そして気候変動という重大な課題にいかに行動していくかが問われている。かつてのように経済発展を至上命題とするだけでなく，より多面的な課題への対応を進めながら，なおかつ所得の向上をいかに実現するかが問われている。デジタル化については第９章で，気候変動への対応は第14章で議論する。

7 人口動態

伊藤亜聖

《学習のポイント》
・人口動態に関するキーワードおよび指標を理解する
・人口動態がマクロ経済に与える影響をアジアの事例から理解する
・少子高齢化社会と人口減少社会の課題をアジアの事例から理解する
《キーワード》 人口動態，合計特殊出生率，人口ボーナス，未富先老，人口減少社会，健康寿命，社会保障

1．新興アジアと人口動態

(1) 人口と経済成長をめぐる議論の転回

アジアは世界史の中で一貫して大きな人口規模を有してきた。2020年の人口規模は，中国が約14億1,100万人，インドが13億8,000万人，そしてASEAN加盟10か国合計で6億6,700万人となる。しかし人口が多いことは，経済の豊かさに直結するわけでない。第1章で触れた古典派経済学者のトマス・ロバート・マルサスは，人口は幾何級数的（例えば2のX乗であれば2，4，8，16…）に増加する一方で，食糧生産は算術級数的（2xであれば2，4，6，8…）にしか増加しないため，必然的に貧困問題が生じるとした。

人口増加率が経済発展水準に対して負の影響をもつという悲観的な見方は，人口大国の停滞という事実と相まって様々な形で継承された。政策上も第二次世界大戦後に国際連合をはじめとする国際機関は，途上国に対して人口抑制を推奨した期間が長く，アジアにおいても多くの国々

図7－1　シンガポールの「二人で十分」(two is enough) 政策の PR ポスター

が出生率を引き下げるべく政策介入を行ってきた（図7－1）。

開発経済学の分野においても，人口増加によって一人当たり所得が低迷してしまう状況は「低位均衡の罠」と呼ばれてきた（速水 1995)。所得の伸び率よりも人口の増加率が高ければ，一人当たりの所得は低下してしまうからである。実証分析においても，総人口が増えると経済成長（一人当たり所得の伸び）には負の影響があるか，または全く効果がないといった結果が報告されてきた（Bloom and Williamson 1998)。

しかし1990年代以降，人口と経済発展の関係への評価は大きく変化した。新たに注目が集まった論点は，総人口規模ではなく，人口構成である。その背景には人口の中で働き盛りの若年・壮年層の比率が高まる期間に，経済成長が実現するという傾向がアジアを中心に観察されたことがあった。「人口ボーナス」(demographic dividend）と呼ばれる要因である。多くのアジア諸国は人口ボーナスを享受して成長してきたが，2010年代以降，各国で少子高齢化が進んでいる。これまで「若さ」を代表してきたアジアも，「老い」に直面せざるを得ない時代を迎えている。

この人口動態は，経済社会，そして政治にも新たな課題と負荷をもたらしつつある。

本章ではまず人口動態を捉えるうえで重要な概念と指標を確認しながらアジアの現状を評価し，そのうえで特に人口ボーナス論（および人口オーナス論）を紹介する。そして最後に，少子高齢化を超えて人口減少社会に入る中での課題を取り上げる。

（２） 人口転換モデル

はじめに一国の人口の増減を考えるための指標を確認しておこう。粗出生率（crude birth rate）と粗死亡率（crude death rate）は人口千人当たりで計算をすることが多く，日本の2000年の粗出生率は9.4，粗死亡率は7.7である。これらはそれぞれ人口千人当たりの新生児数と死亡者数を意味する。2019年には粗出生率は7.0，粗死亡率は11.1人となっており，日本は死亡率が出生率を上回る状況，つまり人口減少社会を迎えている（世界銀行・世界開発指標）。

一般に，低開発段階では粗出生率と粗死亡率はともに高く，「多産多死」の段階にある。そして経済発展に伴って，「多産中死」，「中産中死」，「少産少死」へと展開していく（図７－２Ａ）。先に死亡率が低下するのは，栄養の改善，上下水道の整備，予防接種の普及，といった公衆衛生と保健の改善による。死亡率と出生率の差が，人口増加率になる（図７－２Ｂ）。人口増加率が高まりはじめると，一時的に若年人口が増加するため，生産年齢人口比率は低下するが，その後高まりはじめる。

出生率の低下に目を向けてみると，その背景には育児にかかる費用の高まり（教育費や核家族化），女性の社会進出といった社会経済的な発展が関係している。一般には「少産少死」社会においても出生率が死亡率よりも高いか同等であることを想定していたが，現実には日本を含む

（A）出生率と死亡率の推移

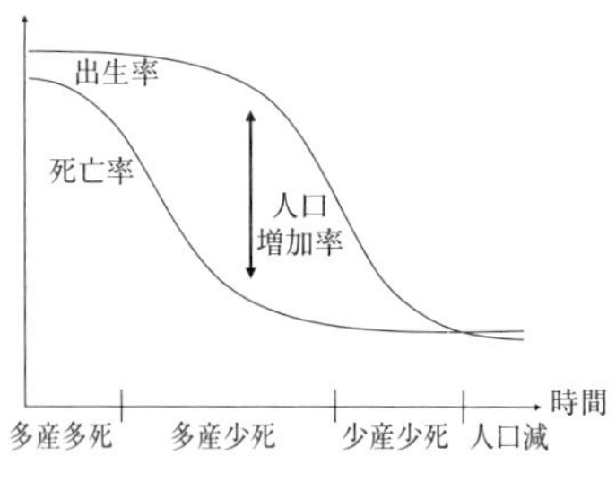

（B）人口増加率と生産年齢人口の推移

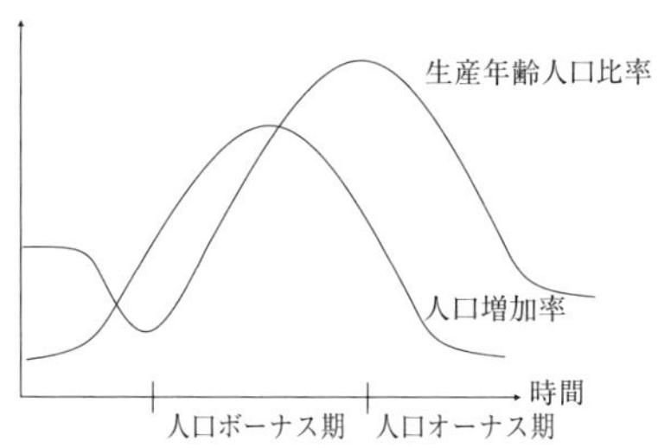

図７－２　人口動態

出所：Bloom and Williamson（1998）の図１と大泉（2018）の図１をベースに筆者が加筆修正。

アジア諸国の一部でも，死亡率のほうが高くなるという状況を迎えている。「少子高齢化」という言葉は，人口構成の変化を念頭に置いたものだが，死亡率が出生率よりも高くなると，絶対数でみた人口減少社会が到来していることを意味する。

（３）　合計特殊出生率

人口の増減に関しては，もう一つ重要な尺度がある。それは合計特殊出生率（Total Fertility Rate, TFR）である。合計特殊出生率が必要である理由は，すでに紹介した（粗）出生率では，年齢構成や性別構成の影響を受けてしまい，国際比較や時系列での比較には適さないからである。

そこで一般的なTFRの計算では，各年齢の女性が当該年に産んだ子供の数から，まず年齢特殊出生率を算出する（１式)。そのうえで，子供を産みやすい年齢である15歳から49歳までの年齢特殊出生率を合計することで合計特殊出生率を算出する（２式)。算出される値は，ある年の人口調査を基に，例えば2020年であれば，「仮に女性が2020年の各年齢女性の出産確率で一生涯を過ごしたと仮定した場合に産むと予想される子供の数」ということになる（特定年齢層の女性を実際に一生涯追跡した出生率はコーホート別完結出生率と呼ばれる）。

年齢特殊出生率$_{20}$＝ある年に20歳女性が産んだ子供数／ある年の20歳女性の総数　（１）

合計特殊出生率＝$\Sigma_{k=15}^{49}$ 年齢特殊出生率$_k$　（２）

日本の場合，2020年の合計特殊出生率は1.34であった。人口規模を長期的に維持するためにはそれぞれの社会の若年期の死亡リスクを加味したうえで，2.07程度の合計特殊出生率が必要とされており，これが人口置換水準とされる。

アジア諸国の TFR の推移を確認しておこう（表７－１）。まず日本の TFR は，1950年から1955年の時点で2.96となっており，人口置換水準よりも高かった。その後1980年代前半には1.76，そして2000年代前半には1.30にまで低下している。より急激な少子化に直面しているのが韓国と台湾である。韓国は1950年代前半には5.65，台湾は6.72という高い出生率であったが，2000年代前半までにそれぞれ1.21と1.33にまで低下し，世界的にも最も少子化が急激に進んだ国々となっている。

東南アジアと中国でも少子化は進んでいる。2000年代前半の値をみると，インドネシアで2.53，マレーシアで2.45と人口置換水準よりも若干高い値となっている一方で，シンガポールとタイではすでに人口置換水準を下回る水準となっている。

特に韓国では少子化が深刻な水準となっている。韓国統計庁が発表した2022年の合計特殊出生率は0.78である，第一子の平均出産年齢が33歳

表7－1　アジア諸国の合計特殊出生率

地域・国	1950-1955	1980-1985	2000-2005	2015-2020
世界	4.97	3.59	2.65	2.47
東アジア	5.63	2.45	1.57	1.65
日本	2.96	1.76	1.30	1.37
韓国	5.65	2.23	1.21	1.11
中国	6.11	2.52	1.61	1.69
香港	4.44	1.72	0.95	1.33
マカオ	4.39	2.06	0.85	1.20
台湾	6.72	2.23	1.33	1.15
モンゴル	5.60	5.75	2.08	2.90
北朝鮮	3.46	2.80	2.00	1.91
東南アジア	5.93	4.20	2.53	2.22
ブルネイ	6.90	3.79	2.22	1.85
カンボジア	6.95	6.37	3.44	2.52
インドネシア	5.49	4.11	2.53	2.32
ラオス	5.94	6.36	3.90	2.70
マレーシア	6.35	3.97	2.45	2.01
ミャンマー	6.00	4.60	2.80	2.17
フィリピン	7.42	4.92	3.70	2.58
シンガポール	6.61	1.69	1.35	1.21
タイ	6.14	2.95	1.60	1.53
東ティモール	6.55	5.50	6.25	4.10
ベトナム	5.40	4.60	1.92	2.06
オーストラリア	3.18	1.91	1.77	1.83
インド	5.90	4.68	3.14	2.24

出所：国際連合（UN）世界人口推計2019年版より作成。

となっており，高齢出産化の傾向が続いている（ジェトロ 2023)。低い出生率の原因として非正規労働の広がりによる不安定な雇用，高まる教育コスト，そして伝統的な家族規範の存続が考えられる。

人口規模の観点からみてインパクトが大きいのが中国の少子化である。中国は韓国，台湾並みの速度で少子化が進んでおり，2000年代前半には1.61であった。そして国連の推計では，2015年から2020年までの中国の出生率は1.69となっていたが，しかし中国政府が2020年に実施した人口センサスの結果，出生率は推計されていたよりもずっと低い1.3であることが判明した。このため，中国の中長期の人口予測も大きな改訂が加わることになった。中国では1979年から2014年まで一人っ子政策が実施され，少数民族や一人っ子夫婦といった例外を除いて，出生を制限してきた。この背景には1970年代までの人口の急増があった。しかし2015年以降に制限を緩和しても出生率を引き上げる効果が限定的であった。子供の教育費の高まりの中で，少子化は深刻化している。

（4） 生産年齢人口と従属人口

人口に関してもう一つの重要な視点は年齢構成である。

働き盛りの人口を測るために一般的に用いられる概念は生産年齢人口（working-age population）である。世界銀行の基準では15歳から64歳までを指し，生産年齢人口が全人口に占める比率が生産年齢人口比率となる。生産年齢人口の下限よりも若い0歳から14歳までの人口は若年従属人口，そして65歳以上の人口は老齢従属人口とされる。

多くのアジア諸国は高度経済成長の時期に生産年齢人口比率が高まっていたことが確認されている。例えば，韓国では1970年時点の生産年齢人口比率は54.7%であったが，1990年には69.3%，そして2014年には73.4%でピークを迎えた。ベトナムも1970年には50.8%であったが，

2000年代以降に急激に働き盛りの比率が上昇し，2013年に70.4%でピークを越えている。

ここで考えねばならない論点は，果たして15歳から64歳を生産年齢人口と定義してよいのかである。まず下限の15歳は，多くの先進国で高校，そして大学への進学率が高まっている現状からすれば低すぎるという問題がある。先進国では生産年齢人口の過大評価ということになる。一方で，上限に目を向けてみると，定年退職年齢の引き上げや健康寿命の伸びによって，健康であれば70代まで就業することも一般化してきた。つまり64歳という基準は先進国にとっては生産年齢人口の過小評価につながる。一方，途上国に目を向けてみると，下限については適合的かもしれないが，上限年齢は高すぎる値かもしれない。例えば，2010年代に中所得国水準であった中国の場合，定年退職年齢は業種にもよるが男性で55歳から60歳，女性では50歳から55歳であった。このように考えると，世界銀行の基準は途上国では生産年齢人口が実態よりも若干高くなる懸念がある。理想的には各国の実所を踏まえて指標を作成すべきであり，そのために考慮すべき論点は未だに残っている。

2. 人口ボーナスから人口オーナスへ

(1) 人口ボーナス論

生産年齢人口比率が高まる時期には，毎年新たに労働市場に参加する人口比率が高まる。多くの場合，この時期は総人口も増加する時期に当たるので，必要な教育投資や新たな産業を誘致育成する政策とセットになることで，急激な経済成長が可能となる。ブルームとウィリアムソンは，アジア諸国の経済成長の要因を推計した結果，興味深い指摘をしている。彼らによれば，1965年から1990年のアジア諸国の成長率6.1%のうち，最大で1.9%，すなわち高度経済成長のうち，31.1%（=1.9/6.1）

が生産年齢人口比率の高まりによってもたらされた（Bloom and Williamson 1998, p.18）。数字を丸めていえば，「東アジアの奇跡の1/3は人口要因によるもの」とも表現される。この効果は人口ボーナスと呼ばれる（大泉 2007）。

人口ボーナスは，どのようなメカニズムで生じるだろうか。ここでは2つの経路を指摘しておこう。第一の経路は，労働投入の増加を通じた効果である。一国の経済を一つの箱と見立てたときに，投入要素である資本と労働を入れると，GDP（付加価値）が産出されるモデル（生産関数）を考えてみよう。このとき，生産年齢人口比率が高まる人口ボーナス期は，労働投入の増加によって産出増加を期待できる。働き盛りが増えるわけだから直観的であるが，その前提として，農業生産のボトルネックが解消され，増えた人口に十分な教育を行っていることが必要である。

そして第二の経路は，生産年齢人口の増加によって，一国の貯蓄が増えるという効果によって生じる。一般に，個人の一生涯の支出と収入を考えると，子供のころから老後まで，衣食住の必要ゆえに比較的一定の支出が必要となる。一方で収入は，特に労働市場に参入して以降にようやく得られ，そして退職後は得られない。働き盛りの30代から50代では，支出よりも収入が多くなり，この時期に貯蓄することができる。一国経済を考えた場合，生産年齢人口比率の高まりは，マクロ経済の面でみて，貯蓄率の増加につながりうる。

この効果を示唆しているのが図7-3である。横軸に国レベルの生産年齢人口比率を，縦軸に貯蓄率をとったものである。世界の中でもアジア諸国ではより強くこの効果がみられている。家計からの貯蓄は国内の銀行部門を通じて，投資に回るため，この経路によっても経済成長を補助することができる。

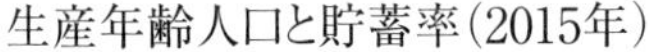

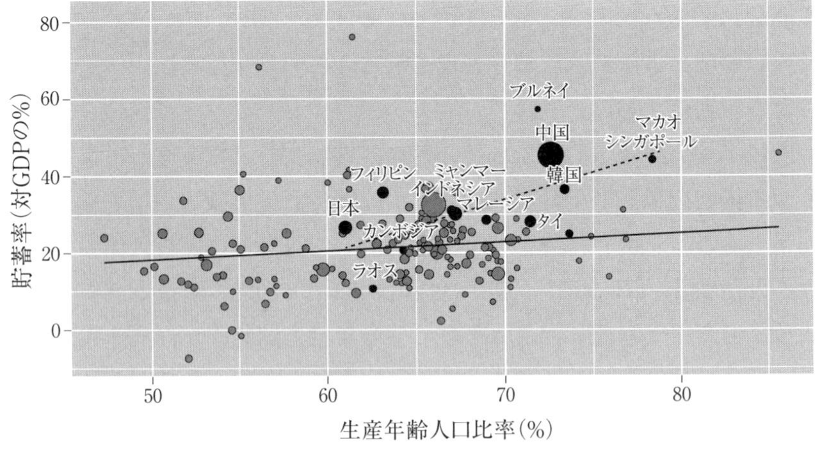

図7-3　生産年齢人口比率と貯蓄率（2000年）

出所：世界銀行・世界開発指標より作成。

人口ボーナス期には，相対的に豊富となる働き盛りの人口と，そして投資のための原資を有効に活用するような政策が求められることになる。それでは生産年齢人口が増大するタイミングで，どのような政策が望ましいだろうか。戦後東アジアの経験に基づいて考えれば，外国からの投資を積極的に受け入れて，就業先を確保しつつ，さらに先進的な技術を学ぶことは一つ考えられる方策である。またそのためには，国家として対外開放を重視するということも必要になってくる。

（2）　人口オーナスと「未富先老」問題

すでに紹介したブルームとウィリアムソンは，議論の中で，1990年代までの経済成長が人口要因によって説明される一方で，アジアの将来について警鐘も鳴らしていた。少子高齢化の進展によって生産年齢人口比率が低下することが予想される中で，やがて人口要因は経済成長の足をひっぱる，負の効果をもつようになることを指摘していたのである（Bloom and Williamson 1998, pp.18-19）。

この問題は中所得国の罠の議論と相まって，多くの国々で高い注目を集めている。中国の場合，生産年齢人口比率の低下が2010年頃からはじまっており，いまだ中所得国段階で人口ボーナスが消失してしまうことを意味した。それにゆえに中国の経済学者である蔡昉は，この問題を「未富先老」(Getting old, before getting rich)，つまり「豊かになる前に老いてしまう」という言葉で表現した（蔡 2019)。すでに確認したように，生産年齢人口の低下は中国だけでなく，他のアジア諸国も直面している。「未富先老」問題は東南アジアでも生じつつある。

ではこの問題への処方箋はどのようなものが考えられるだろうか。蔡昉は中国国内でいくつかの政策手段が議論されていることを紹介している。そのうちの一つは退職年齢の引き上げである。生産年齢人口の箇所でも触れたが，中国では退職年齢が低く，女性の場合，50歳で退職を迎える場合もある。退職年齢を引き上げて生産年齢人口の低下を防ぎ，また年金受給年齢も引き上げることで財政的な負担を緩和する方策が考えられる。実際に2022年以降に一部地域では，退職年齢の引き上げが試されている。

一見有効そうな方策であるが，蔡昉はこのアイデアに反対を表明している。それは定年退職年齢に近い年代の労働者が相対的に教育水準も低いために生産に与える効果が限定的であること，年金受給時期が先送りになることから，引き上げへの抵抗感が強いためである（蔡 2019)。

3. 少子高齢化から人口減少社会へ

(1) 健康寿命と社会保障

少子化から高齢化に目を転じてみよう。一人の人間が活動できる期間が長期化する長寿化は幸福なことである。考えねばならないことは，健康に活動できる期間を確保し，そしてそのための原資を公的・私的に準備することができるか否かである。

十分な日常的な活動を自ら行うことができる期間を，健康寿命と呼んで，計測する動きもある（菅原 2021）。一つの方法は主観的な健康感を尋ねる方法で，もう一つはより具体的に日常生活に支障のない寿命（Disability Free Life Expectancy, DFLE）を調査する方法である。後者については，食事，移動，入浴，排せつ等の日常生活動作能力における制限の有無を調査している（GBD データ）。アジアの高所得国（日本，韓国，シンガポール，ブルネイ）での平均的な健康寿命は，1990年時点で男性65.8年，女性70.3年であった。それが2016年には男性70.5年，女性74.7年へと４年程度伸びている。

また，高齢化が進む中で各国政府にとって重要な政策課題となっているのが，社会保障制度の拡充である。社会保障制度には広義には年金・医療・介護といった保険制度，そして児童・障害者・母子家庭への支援を行う社会福祉制度，その他の公的扶助を含む。高齢化は特に年金・医療・介護保険へのニーズを増大させるが，東アジア諸国では経済開発が最優先される傍らで，社会保障制度の拡充は遅れてきた。一方で開発の進展とともに社会保障への関心は高まってきたため，第10章で触れる通り，福祉国家論としても議論されている。国民皆保険制度ではなく，被雇用者向けの制度のみが整備されている国々や，さらに保証対象が公務員や国営企業従業員に限定された国々が多いからである（末廣編 2010）。

（2）　人口減少社会へ

かつての議論では人口減少は正面からは想定されていなかった（例えばBloom and Williamson 1998，図1を参照）。しかし日本をはじめとして，東アジアの一部の国・地域ではすでに人口が実際に減少しはじめている。

日本では，過疎化の問題は高度成長期から生じており，2010年代には「地方消滅」，「大廃業時代」といった用語が登場した。2014年に公表されたレポートでは，2040年までに日本全国の市町村の約半数が「消滅」する可能性があるとして，大きな衝撃を与えた（増田 2014）。そこでの議論は，出産適齢期の女性の人口が半減する地域をハイリスクな地域とするものだった。中小企業の経営者の年齢も高齢化している。経営者の年齢別の最頻値は1995年には47歳であったが，2018年には69歳に達し，事業承継が喫緊の課題となっている（中小企業庁編 2019，74-79頁）。

東アジアに視野を広げてみると，韓国ではより少子化が深刻な状況となっており，近年では中国でも合計特殊出生率の低下が国家的な政策課題となっている。新型コロナウイルス感染症の影響もあり，2020年以降の出生率は一層低下しており，中国政府の統計に基づいても，総人口の増加が2021年から2022年頃までに止まったとされる。

高齢化社会・人口減少社会で公共サービスを維持し，人々の雇用の受け皿となる企業の操業をいかに維持していくかは，今後のアジアでも大きな課題になると考えられる。

（3）　国内政治と地政学的な含意

東アジアにおいて，人口動態はいかなる政治的含意をもっているだろうか。高齢化社会においては，相対的に人口比率の高い高齢者層向けの政策が重視されるという可能性もある。1980年から1995年に生まれた世代をミレニアル世代と呼んだり，1996年から2015年に生まれた世代をZ世代と呼ぶこともある。これらの世代ごとに，異なる政治的な指向をもっていることにも目配りが必要であろう。

また米中対立が激化する中で，アジア，とりわけ中国の少子高齢化を，地政学的な観点から指摘する立場もある。大国間関係と冷戦史の研究者であるマイケル・ベックレーとハル・ブランズは，2021年に「中国の台頭の終焉？」と題した論考を刊行した（Beckley and Brands 2021）。中国の国力の伸長を阻む要因として彼らが指摘するのは，少子高齢化，水資源の不足，中国を取り巻く外交環境の悪化の3点である。彼らの議論の特徴は，国力の伸びが終わりつつあるからこそ，対外的に強硬な手段を取りうるという指摘をしている点にある。人口動態は経済社会の基礎的なバロメーターであるため，こうした近年の地政学的な緊張のもとでも，人口動態の含意が議論されつつある。

8 移民の恩恵と課題

高木佑輔

《学習のポイント》

・新興アジアにおける移民について，移民受け入れ国と移民送り出し国で起きている変化について理解する

・受け入れと送り出しの接点に注目する移民システム論を理解する

・移民のアイデンティティについて，マイノリティ，遠距離ナショナリズムとトランスナショナリズムというキーワードを理解する

《キーワード》 移民システム論，遠距離ナショナリズム，トランスナショナリズム，同化，多文化共生，統合，送金

1. 移民の増大

新興アジア地域の移民の歴史は古い。19世紀後半，イギリスの植民地では年季契約（苦力制度とも呼ばれる）に基づく労働者の動員が広まった。当時の英領でこうした制度が広まったのは，後にマレーシアとなる英領マラヤ各地や，後のミャンマーとなる英領ビルマであった。前者では主に中国人が，後者ではインド人が多く働いた。後のインドネシアとなる蘭領東インドにおいても，オランダ当局が中国人労働者を動員した。年季契約は，契約とはいえ力づくの雇用や強制移動を含む過酷なものであった（カースルズ，ミラー 2011，107頁）。第10章でみるように，独立後の新興アジア諸国は，こうした移民の子孫たちからなる多様なエスニシティを前提としつつ，国民統合を目指していくことになった。

新興アジア各国が独立し，一定の経済成長を遂げた20世紀後半以降も，

人の移動の機会は増大し続けている。都市への移動（国内移民）のみならず，国境をまたいだ人の移動（国際移民）も増加している。国連の統計によれば，1990年時点では世界全体で移民として暮らしていたのは1億5,299万人だったが，2020年時点では，2億8,060万人となっている。

以下の表8－1にみるように，世界最大の移民送り出し国インドを筆頭に，中国，バングラデシュやフィリピンなどの新興アジア諸国も移民送り出し国となっている。

移民受け入れ国の状況について，人口に占める移民の割合をまとめたのが次頁の表8－2である。

表8－1　移民送り出し国上位10か国（単位：人）

	地域と国	1990	2020
順位	世界	152,986,157	280,598,105
1	インド	6,619,431	17,869,492
2	メキシコ	4,395,355	11,185,737
3	ロシア	12,653,331	10,756,697
4	中国	4,231,625	10,461,170
5	シリア	620,285	8,457,214
6	バングラデシュ	5,450,443	7,401,763
7	パキスタン	3,341,086	6,328,400
8	ウクライナ	5,545,517	6,139,144
9	フィリピン	2,012,499	6,094,307
10	アフガニスタン	7,679,582	5,853,838

出 所：United Nations Department of Economic and Social Affairs, Population Division (2020). International Migrant Stock 2020 (https://www.un.org/development/desa/pd/content/international-migrant-stock).

表8-2　移民受け入れ国上位15か国（全人口に占める割合）

順位	地域と国	1990	2020
	世界	2.9	3.6
1	シンガポール	24.1	43.1
2	バーミューダ	25.4	31.7
3	オーストラリア	23.3	30.1
4	ニュージーランド	15.2	28.7
5	ブルネイ	28.3	25.6
6	カナダ	15.7	21.3
7	サンピエール島・マクロン島	17.2	17.2
8	アメリカ合衆国	9.2	15.3
9	モルディブ	3.9	13.0
10	マレーシア	3.9	10.7
11	グリーンランド	16.7	10.4
12	ブータン	4.5	6.9
13	タイ	0.9	5.2
14	韓国	0.1	3.4
15	イラン	7.6	3.3

出所：United Nations Department of Economic and Social Affairs, Population Division (2020). International Migrant Stock 2020 (https://www.un.org/development/desa/pd/content/international-migrant-stock).

新興アジアについてみると，シンガポールの43.1%が世界最大である。かつてはシンガポールへの移民送り出し国であったマレーシアも，全人口の10.7%を移民が占める主要な受け入れ国となっている。タイは，全人口に占める移民の割合が5.2%となっており，世界13位の移民規模をもつ国となっている。

2. 移民を説明する理論―移民をめぐる3つの社会

移民を説明する理論のうち，一時期まで影響力をもったのがプッシュ・プル理論である（カースルズ，ミラー 2011，27頁）。この理論によれば，移民送り出し国側には，人口増加，低い生活水準，不十分な経済機会や政治的抑圧などのプッシュ（押し出し）要因のいずれかがあり，移民受け入れ国には，少子高齢化に伴う（労働）人口減少，高い生活水準，十分な経済機会や政治的自由などのプル（惹きつけ）要因のいずれかがあることになる。

ただし，あたかも製品のように需要と供給から移民を論じることには限界がある（カースルズ，ミラー 2011，28-31頁）。実証的にみても，多くの移民は送り出し国の最貧困層ではなく，中間層あるいは中間層と最貧困層の間にいる人々といえる。また，移民するか否かの決定は個人よりも，個人の属する家族や共同体の決定に左右される部分もあり，個人の合理的判断だけに注目することは不十分である。さらに，特定のエスニック集団に属する人たちのみが移動する事例も多いが，プッシュ・プル要因だけでは移民とエスニシティとの関係性を十分に論じることはできない。さらに，国際移民の場合も移動先は都市が圧倒的に多く，むしろ人口稠密地域に人が移動していく傾向があり，プッシュ・プル理論で想定する仮説を支持する事例は多くない。

プッシュ・プル理論に批判的な論者は，移民を取り巻く制度とネットワークに注目する移民システム論を提唱している（カースルズ，ミラー 2011，34-38頁）。移民を取り巻く制度としては，送り出し国と受け入れ国それぞれの政府間での取り決めや，移民の働く産業を取り巻く規制などがある。移民を取り巻くネットワークとしては，移民たちが受け入れ

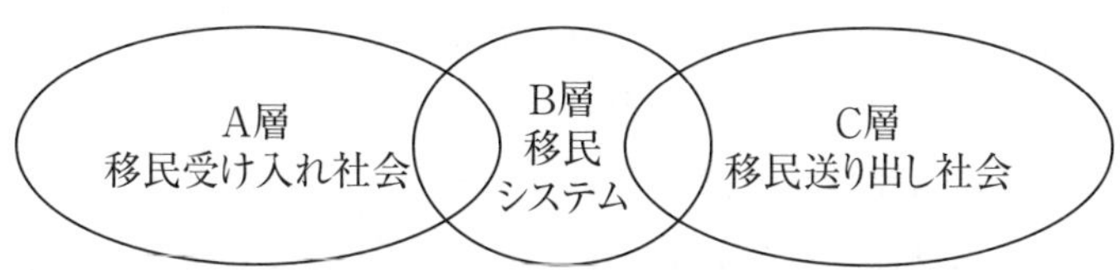

図8-1　移民を理解するための3つの社会

出所：（カースルズ，ミラー 2011）より筆者作成。

国内で作り出すコミュニティや，移民経験者が送り出し国で作り出すコミュニティがある。また，移民産業と呼ばれる移民を促進，場合によっては搾取するような関連企業の存在もある。

プッシュ・プル理論と移民システム論を踏まえると，移民研究が扱う社会を上記の図8-1のように3つの層に分類できる。

A層は，移民を受け入れる社会に起こりうる変化に注目する。この層では，移民に接する人も接しない人もおり，学校や職場で移民の存在に日常的に触れる人，メディアを通じたイメージの中で，間接的に移民について見たり聞いたりする人，そもそも移民に関心をもたない人がいる。移民研究では，しばしば移民受け入れ社会を「ホスト社会」と呼ぶが，A層に注目する研究では，移民受け入れによる経済効果，ホスト社会における移民の犯罪，移民に対する差別や迫害，多様性や多文化共生といった受け入れ政策，あるいは人的資本としての移民の活用などが議論される。

移民受け入れの経済効果について，経済学者は，移民が労働の供給だけでなく需要も喚起する点を重視している（リーソン，ゴチェノアー 2016）。ホスト社会が移民を受け入れると，足りなかった労働力が補充されるだけでなく，それによりサービスの価格が下がり，需要が拡大する。また，移民自身もホスト社会で消費するため，ホスト社会全体の需要も拡大する。こうした理解が，移民受け入れが経済活動を活発化するという議論の背景にある。多くの研究者が，移民についての障壁を完全に撤廃すれば，世界全体の富は50％から150％増加するとし，その効果は完全な貿易自由化さえ上回るという（リーソン，ゴチェノアー 2016）。

ただし，移民受け入れの利益がどのように社会に分配されるかの答えは一様ではなく，むしろ一般に認知しづらい。移民と競合する職種に就く人々の短期的な待遇悪化やメディア報道を通じた体感治安（必ずしも実際の治安状況とは一致しない）の悪化などに関心が集まる。移民のもたらす社会的な影響に関心をもつのが社会学である。

移民についての社会学的研究では，ホスト社会が移民にどう接するかについての類型論がある。一方の極には，多数派国民の文化への吸収を志向する同化政策がある。同化の特徴は，ホスト社会の多数派ではなく，移民側の変化を期待する点にある。同化政策の中には，改名や改宗を期待するものもあり，移民側の負担は大きい。他方の極には，移民の文化の多様性を尊重しようとする多文化主義政策があるが，この場合，移民側には変化ではなく，むしろ差異を維持することが期待される。２つの立場の間には，ホスト社会と移民社会の双方が変容しながら新しい国民文化が生まれるとする統合論がある（カースルズ，ミラー 2011，322-325頁）。

図８－１のＢ層は，移民システム論を中核的に分析する場であり，主役は移民自身となる。移民についての研究の多くは，移民のアイデンティティに注目する傾向がある。移民自身の主観に肉薄するため，研究スタイルとしても，移民コミュニティ内での住み込みのような長期の参与観察が重視され，成果としては民族誌の形をとることが多い。以下の４節でみるように，移民のアイデンティティについては，少数派としての自覚や差別を問題視するマイノリティとしての移民への注目，出身国への愛着を強固にする遠距離ナショナリズムの研究，そして国境をまた

にかけて自由に生きるトランスナショナリズムの研究などがある。

Ｃ層は，移民送り出し社会である。本章５節にみるように，移民送り出し社会に関しては，人材流出の側面を問題視する「頭脳流出」の議論や，帰国した移民が得た技術，経験や人的ネットワークを積極的に捉える「頭脳還流」の議論がある。また，移民が本国家族に届ける送金の金額が増大する中で，移民送り出しが移民送り出し国の経済に与える影響についての関心も高まっている。

また，頭脳流出の議論を批判する論点として，そもそも移住労働の機会があるからこそ，人的資本投資が増加することを指摘する研究もある（リーソン，ゴチェノアー 2016，29-30頁）。例えば，フィリピンからは，しばしばイギリス等欧米諸国への医療従事者の移住労働がみられ，頭脳流出の典型といわれる。しかし，一人当たりの看護師数をみると，イギリスよりもフィリピンの方が多い。このことは，移住労働の機会があることにより，多くの看護師が供給されることを示している。換言すれば，移民の機会があるがゆえに，「流出する」頭脳に対する投資が生まれたともいえる。

なお，言葉の定義のうえでは移民と難民は異なる。自発的な意思による移動か，戦争や迫害といった本人にはいかんともしがたい理由での移動かの区別がある。前者が移民であり，後者は難民，あるいは強制された移民と呼ばれる。新興アジア地域の深刻な難民危機としては，ミャンマー西部に住むロヒンギャの人々の人道危機がある。また，フィリピン南部のミンダナオ島西部やタイ南部など，新興アジアの紛争地では，自国内ではあるが，避難せざるを得ない国内避難民の問題も深刻である。

移民も難民も法に基づく移動である（難民の場合は難民条約という国際法）一方，非合法の人の移動も存在する。これも同じく，自発的な意思によるか否かで区別される。自発的な意思による非合法な移動は密入国であり，犯罪に巻き込まれるなどして本人の意思に反する移動は人身取引と呼ぶ。新興アジア各地の歓楽街で強制労働を強いられる女性や子供の人身取引は深刻な人権問題である。

3. 受け入れ社会の変化―シンガポールと台湾

移民受け入れ政府の意図が明瞭に表れるのが，永住権の付与に関する政策や，短期滞在を目的とした査証（ビザ）についての政策である。移民の雇用を支える制度については，需要主導システムと供給主導システムに分類することが一般的である（パディア，カチャノフスキー 2016)。需要主導システムとは，移民の労働力を求める雇用主が手続きを進めて主体となる一方，供給主導システムでは，労働を供給する側の労働者が主体となる。後者の場合，特定の専門職の資格などをポイント化する制度を導入する国が少なくない。

移民自体を対象とした分類方法としては，高技能移民と低技能移民の分類がある（パディア，カチャノフスキー 2016)。前者の場合，各国が人材獲得競争を展開する一方，後者の場合は入国を制限することに政策の主眼が置かれる。例えば，シンガポールなどは保証金制度を導入している。この制度では，雇用主が移民を雇用する場合，最初に保証金を支払うことを義務付けている。仮に移民が契約終了後に不法滞在した場合，この保証金を没収することにより，不法滞在を抑制することを目指している。

シンガポールの事例は，1）労働力不足解消，2）専門職人材（あるいは「高度人材」）の獲得，そして，3）人口減少の是正という移民受け入れの3つの動機を理解するうえで格好の事例である。同国の独立は1965年だが，すでにその3年後には，労働力不足を補うため，労働許可制度を導入し，主に隣国のマレーシアからの労働者受け入れを緩和した。

マレーシア自身の経済が成長し，移民受け入れ国となると，フィリピン，インドネシアやスリランカなどからの家事労働者の受け入れが本格化した。

シンガポール政府が，本格的に専門職人材の獲得にかじを切ったのは，1997年のアジア通貨危機後のことであった（明石 2020，132頁）。危機により，シンガポール政府は産業高度化の必要性を強く認識し，1998年には労働省がマンパワー省に名称を変更し，国際的な才能受け入れに大きくかじを切った。専門職人材や高度人材の一般的な定義は存在しないが，シンガポールは収入をその主な判断基軸として，複数の労働許可を出す制度設計を行っている。その結果，医療，生命科学や金融分野の人材の流入を実現した。

北東アジアの台湾，韓国と日本は，1980年代後半に労働力不足に直面し，移民の受け入れを一つの対応策としてきた。ただし，この3か国のうち，公式に移民を受け入れたのは台湾のみであり，韓国と日本は，技能実習などの事実上の移民受け入れに限られていた。その後，韓国が公式に移民受け入れにかじを切った結果，事実上の移民受け入れを続けるのは日本のみという状況である。

台湾の移民政策を考えるうえで重要なのは中国との関係である（明石 2020）。中国からの自律性を維持しながら，深刻な労働力不足を解消するためには，中国以外の国からの外国人労働者の受け入れが必須となる。こうした動きは，1994年以降の南向政策に象徴されるような東南アジア諸国との関係強化の動きと重なり合い，タイ，インドネシア，フィリピンやベトナム等からの移民が増加した。2019年には，71.4万人の外国人労働者が台湾で暮らすようになった（明石 2020，167頁）。

4. 主体としての移民―移民とアイデンティティ

移民のアイデンティティについては，大きく3つの考え方がある（カースルズ，ミラー 2011，340頁）。まず，移民のアイデンティティを考える時に，移民を個人として認識するか，集団として認識するかが大きな分岐点になる。個人としてみるならば，移民以外の多数派市民と同じであり，そもそも「移民のアイデンティティ」という問題自体が消滅する。出生地以外の地で働くAという個人は，単にA氏として社会の中で認知され，Aが何らかのエスニック集団に属するか否かは問題ではなくなる。

移民としての存在が強調されるのは，移民を何らかの集団的アイデンティティをもつ人々とみなすが故である。特に，受け入れ社会の多数派とは異なる文化的出自が強調される場合，移民独自のエスニシティが摩擦の背景として浮上する。エスニシティについては，ここでは大まかに，特定の言語，宗教や文化を重視するアイデンティティの一つとして理解してほしい。なお，エスニック・アイデンティティとナショナル・アイデンティティの違いは，前者が特定の国民国家の多数派とならず，後者が多数派，さらには主流派としてのアイデンティティという点にある。

集団的アイデンティティに注目する見方は，エスニック・コミュニティを強調する議論と，エスニック・マイノリティに注目する議論に二分できる。エスニック・コミュニティは，移民のエスニシティがもたらす文化的多様性に価値を見い出す立場であり，多文化共生を価値あるものとして称揚する。ただし，移民のアイデンティティとして，多数派市民にも受け入れ可能な文化領域に限定する可能性がある。

他方，エスニック・マイノリティに注目する議論では，移民のエスニシティを少数派の属性とみなし，その結果生じる摩擦に注目する見方である。移民送り出し国側では，移民として移動した先での差別，迫害や虐待など，エスニック・マイノリティとしての苦境を問題視する人々が多い。

エスニック・アイデンティティとエスニック・コミュニティを論じる研究が移民総体を客体としてみるのに対し，移民個人を主体として捉えようとするのが以下の2つの研究群である。一方には，移民が様々な機会を自由につかんでいく側面を重視する「柔軟な市民権（フレキシブル・シティズンシップ）」という見方があり，他方には，遠く離れた祖国に対する愛着を維持，強化する「遠距離ナショナリズム」という見方がある。

柔軟な市民権の議論は，「国民未満外国人以上」という準シティズンシップやトランスナショナル・シティズンシップの議論に発展していった（カースルズ，ミラー 2011，60頁）。他方，遠距離ナショナリズムを指摘したのは，東南アジア地域研究者でナショナリズム論の古典の著者でもあるベネディクト・アンダーソンである。アンダーソンは，自国の政治体制に違和感をもって祖国を離れた人々が，異国で自国の政治変動に期待を寄せる姿勢を，共感をもって論じた（アンダーソン 2005）。

アンダーソンの遠距離ナショナリズムが，移民自身の自発的な運動を重視するのに対し，移住先の自国民の動員を図る動きに警鐘を鳴らす議論もある。こうした動きの典型は，オーストラリアの政治，経済や社会に広範に影響を及ぼそうとした中国の事例である（ハミルトン 2020）。オーストラリアにおける中国共産党の活動に違和感をもったクライブ・ハミルトンは，2016年ごろから中国の影響力工作についての調査を開始し，中国共産党が，オーストラリアの有力政治家の買収工作やオーストラリア在住中国人の動員を行っていることを告発した。同書は，当初出版を引き受けた出版社が出版契約の取り消しを通告するなど，出版それ自体がニュースになるほどのインパクトを残した。移民研究はしばしばグローバリゼーションの拡大と共に進展したが，各国政府の思惑についても検討しておく必要がある。

5. 送り出し社会の変化―フィリピン

政治経済学者のアルバート・ハーシュマンは，近代化によって人の移動が盛んになると，国からの離脱が起きることを指摘し，これを「頭脳流出」の問題とした（ハーシュマン 2005，90頁）。

頭脳流出が最初に問題になったのは，医療従事者や高等教育修了者がイギリスに移動した1950年代のインドであった（カースルズ，ミラー 2011，83頁）。その後，アメリカの1965年の移民国籍法改定，カナダや豪州における差別的な政策の撤廃の結果，専門職移民が急増した。

移民の質的な変容が生じると，移民が送り出し社会にもたらす影響についての議論も複雑化した。頭脳流出のようなマイナスの側面を強調する議論に対し，送金に注目する議論は，移民の積極的な側面に注目する。

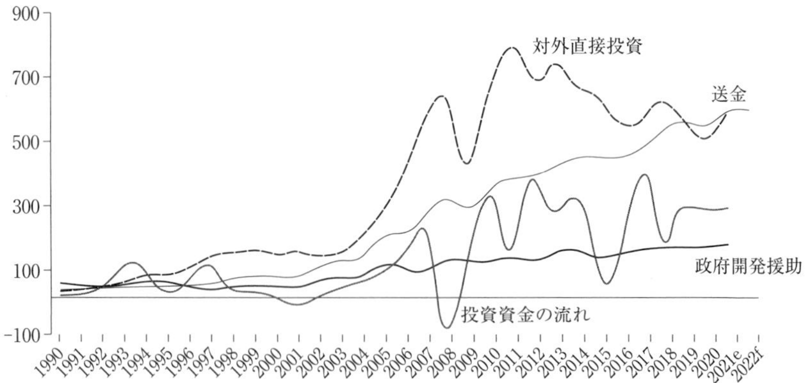

図8－2　低中所得国への資金流入の推移（1990-2022年）単位：10億ドル

出所：World Bank 2021, p.12, Figure 1. 1a.

図８−２は，世界銀行がまとめている「移民と開発」報告書からの抜粋である（World Bank 2021）。

この図をみると，1990年代以降，低所得国と中所得国にとって，政府開発援助よりも，対外直接投資や送金が重要になってきていることが分かる。新型コロナウィルスの感染拡大などにより，人の流れが阻害された2019年以降ですら，海外送金は増加を続けた。専門職移民の多くは，新型コロナウィルスの感染拡大期にも簡単に解雇されることはなく，継続的な送金が可能だったと考えられる。また，感染症の感染拡大により経済的に苦境に陥った家族や親族を助けるための緊急の送金（「同情送金」とも呼ばれる）が増大したと考えられる。

図８−３から，インド，中国，フィリピン，パキスタン，バングラデシュ，ベトナムなどの新興アジア諸国は，送金受け取り大国といえる。

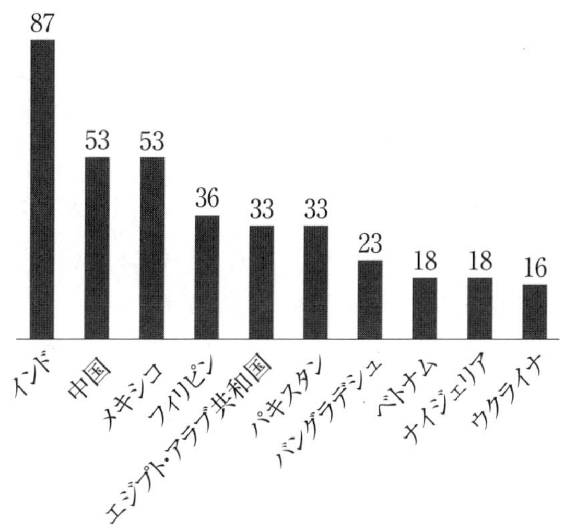

図８−３　世界の送金受け取り額上位10か国（2021年）単位：10億ドル

出所：World Bank 2021, p.18, Figure 1. 4より抜粋。

その中でも，送金額がGDP比で9.4%を占めるフィリピンは送金が重要な経済活動の一部となっている（ちなみにインドのそれは３%）。

移民送り出し国であり続けるフィリピンでは，自国の失業問題対策の一環という位置付けから，送金や投資の出し手として移民労働者に期待するようになった。フィリピン統計局が公表した資料によれば，2021年現在，フィリピンからの移民労働者は183万人に上る。移住労働先上位５か国／地域をみると，サウジアラビア（24.4%），アラブ首長国連邦（14.4%），欧州（9.3%），南北アメリカ（8.9%），香港（6.7%）となり，近隣諸国よりも幅広い地域で働いていることが分かる。

他方，送金送り出し国でみると様相が異なる。GDPのおよそ１割に上る送金を受け取っているが，送金元をみると，南北アメリカだけで46.2%を占める一方，労働者数の多いサウジアラビアとアラブ首長国連邦からの送金は，それぞれ全体の６%と4.2%に過ぎない。また，香港からの送金は2.3%に過ぎず，むしろシンガポールからの送金が７%となる。フィリピンにとって，中東は労働力の移住先として，南北アメリカなどの先進国は送金元として，それぞれ異なる重要性をもつことが分かる。

なお，海外で働くフィリピン人について，在外フィリピン人労働者（Overseas Contract Workers）から在外フィリピン人労働者（Overseas Filipino Workers）へと表現が変わってきた。近年のフィリピン政府は，人口に膾炙（かいしゃ）したOFWに変えて，単に在外フィリピン人（Overseas Filipinos）という言葉を使いはじめている。こうした呼称の変化にも，移民に期待する行為の変化が読み取れる。

9 デジタル化

伊藤亜聖

《学習のポイント》
・デジタル化をもたらした背景を理解する
・情報端末の普及を巡る議論の変遷を理解する
・デジタル化がもたらす経済的，政治的影響を理解する
《キーワード》 ムーアの法則，デジタル化による分断，デジタル化による恩恵，自動化，デジタル権威主義

1．デジタル化による分断と恩恵

（1） 情報通信機器の普及とその背景

2000年以降に生じた大きな変化のうちの一つがデジタル化の進展である。デジタル化の定義は複数ありえる。少なくとも人，企業，政府の各面において，情報通信機器とサービスの利用が普及し，ますます多くの局面でデジタルなサービスや解決策が利用されるようになっていることは事実であろう。ここでは問題意識を広く取り，デジタル化を「情報通信端末とインターネットの普及によって多種多様な情報通信技術が普及し，その結果，経済，政治，社会の各面に大きな影響を与えていること」と捉えておこう。

そもそも「デジタル」とは，連続した量の変化を捉えるアナログに対して，ゼロから１への離散的な変化を指す。われわれが今日利用している多くの情報は本来アナログな形態をしていた。印刷された新聞紙，楽器から奏でられる音楽，フィルムから現像される写真などがそれにあた

る。これらの情報は今日，デジタル化されて，大規模な保存媒体に記録されている。加えてインターネットを通じてアクセスできるようになり，携帯電話からもこれらのデジタル化した情報に接続することができる。デジタル化された新聞，音楽，そして写真に常時，インターネットを通じてアクセスすることができるわけである。いわゆるマルチ・メディアと呼ばれる形態のサービスは，情報をデジタル処理することによって成り立っている。

計算機科学者のニコラス・ネグロポンテは，1995年の時点で，こうしたデジタル化を不可逆的な変化だと強調していた（ネグロポンテ 1995）。この変化の背後には半導体技術の急激な発展があった。米国のインテル社の共同創業者の一人であるゴードン・ムーアは，半導体の設計微細化技術の向上により，同一面積のシリコン上に搭載可能なトランジスタの数が指数的に増加しつつあることを1965年に指摘した（Moore 1965）。のちに「集積回路上のトランジスタ数が18か月で2倍になる」という「ムーアの法則」と呼ばれるようになった（表9-1）。その後，半導体性能は年を追うごとに向上し，それにより同一性能の半導体チップの単価は急激に低下し，それがひいてはパーソナルコンピューター，携帯電話をはじめとする電子機器端末の単価の低下につながっている。

（2） デジタル化による分断

戦後，世界の情報化を振り返ると，長らく問題視されてきたのは先進国と発展途上国との間の情報化水準の断絶的な格差であった。1985年に国際電気通信連合（ITU）の調査の一環として刊行された通称メイトランド・レポートは固定電話の普及率に着目して次のように指摘していた。

「先進国と発展途上国の間には，電気通信サービスのカバー範囲と

表9-1　半導体搭載のトランジスタ数推移

半導体名称	発売年	トランジスタ数
4004	1971	2,300
8008	1972	2,500
8080	1974	4,500
8086	1978	29,000
Intel286	1982	134,000
Intel386	1985	275,000
Intel486	1989	1,200,000
Intel Pentium	1993	3,100,000
Intel Pentium Ⅱ	1997	7,500,000
Intel Pentium Ⅲ	1999	9,500,000
Intel Pentium Ⅳ	2000	42,000,000
Intel Itanium	2001	25,000,000
Intel Itanium 2	2003	220,000,000
Intel Itanium 2 (9MB)	2004	592,000,000

出所：Intel 社資料“Moore's Law 40th Anniversary”より作成。

質に大きな格差がある。（中略）東京には，人口5億人のアフリカ大陸全体よりも多くの電話機がある」(International Telecommunication Union 1985, p.13)

このような情報端末の普及や情報技術の利活用の面で，南北間での分断を強調する視点はデジタル・ディバイド（Digital Divide），すなわち「デジタル化による分断」と呼ばれる。デジタル・ディバイドは国際的に解決を目指すべき重要な政策課題として認識されてきた。2015年に採択された持続可能な開発目標（SDGs）においても，情報アクセスの問題は引き続き提起されており（目標 9-C），今日においてもデジタル・ディバイドの問題は完全には解消されていない。とくに新興国・途上国では，居住地域，所得水準，性別といった面で大きな格差が残されている。

しかし以前に比べて，2010年代以降に新興国・途上国において劇的に情報通信端末が普及した。加えて新興国・途上国からも多くの新興企業が立ち現れる状況を迎えた。アジア諸国においても，韓国，台湾，シンガポールに加えて，中国，そして東南アジアからも新興企業が台頭しつつある。

表 9－2 には，2000年と2020年の国別の携帯電話契約件数を示している。2000年時点では，日本は6,678万件の携帯電話契約件数を有し，国別ランキングでは 3 位に位置付けられていた。次に2020年をみてみよう。2020年時点で，主に法人需要により総人口を超える 2 億件近い契約件数に増加していたものの，日本の順位は 8 位にまで低下している。上位 3 か国は中国，インド，インドネシアとなっており，新興アジア諸国が占めている。無論これらの国々は人口大国である。人口規模や安価に供給されるようになった携帯電話の存在を考えれば，この変化は驚くに値しないかもしれない。しかし，上述のメイトランド・レポートのころの認識からすれば，この構造変化は著しいものだった。

人口規模で多数を占める新興国・途上国が，いよいよ情報化を大胆に進める時代を迎えている（伊藤 2020）。デジタル化の影響はビジネス面にとどまらない。デジタル化は各国の政府による電子的な統治制度の構築や，国そのものの長期開発構想を大きく規定するものになりつつあるためである。情報化をめぐる問題は分断の問題から急速に，人々がアクセスを得た後の問題，つまり「アフターアクセス」の問題群へと切り替

表9－2　国別の携帯電話契約件数（2000年，2020年）

2000年			2020年		
	国	契約件数		国	契約件数
1	アメリカ	109,478,031	1	中国	1,718,411,000
2	中国	85,260,000	2	インド	1,153,709,832
3	日本	66,784,374	3	インドネシア	355,620,388
4	ドイツ	48,202,000	4	アメリカ	351,477,000
5	イギリス	43,452,000	5	ロシア	238,733,217
6	イタリア	42,246,000	6	ブラジル	205,834,781
7	フランス	29,052,360	7	ナイジェリア	204,228,678
8	韓国	26,816,398	8	日本	195,054,893
9	スペイン	24,265,059	9	バングラデシュ	176,279,465
10	ブラジル	23,188,171	10	パキスタン	175,624,364

出所：国際電気通信連合（ITU），Country ICT Data（2022年3月16日アクセス）。

わってきている。

（3）　デジタル化による恩恵と限界

こうした論点の転換を体現したのが，世界銀行による『世界開発報告』2016年版であった。同報告書は「デジタル化がもたらす恩恵」（Digital Dividends）を副題として，包括的にデジタル化がもたらす機会とリスクを提示している（世界銀行 2016)。同報告書ではデジタル技術による直接的な効果を①検索と情報アクセスの改善，②自動化技術の普及，③プラットフォーム企業の台頭の3点に求めている（表9－3）。

そしてそれぞれの技術的効果が，人々の機会と可能性を広げる側面と，リスクと脆弱性を深める側面があると指摘し，後者を補うために政策的

表9－3　デジタルのもたらす機会とリスク

デジタル技術の直接的効果	機会と可能性(＋)	リスクと脆弱性(－)	政策的対応
検索と情報アクセスの改善	情報の非対称の解消による包摂性の実現	説明責任の欠如による情報統制	情報へのアクセス可能性の拡大，プライバシー保護と市民の参加型政策策定
自動化技術の普及	企業，生活，政府の効率性の向上	技能教育が無い状況での非正規労働の拡大と不平等の拡大	デジタル経済の技能教育と生涯学習の促進，社会保障の整備
プラットフォーム企業の台頭	規模とネットワークの経済性によるイノベーション	競争の欠如による寡占化	参入と競争を促進する規則の実施

出所：世界銀行（2016）より整理。

な対応が必要だと主張する。例えば検索と情報アクセスの改善は，情報の非対称性を解消に資するが，一方で検索エンジンのサイトで表示される情報の順位付けにバイアスが加えられたり，あるいは特定のキーワードに対しては検索結果が示されないといった情報の統制や検閲も生じうる。新たな技術が機会と可能性を提供する一方で，リスクと脆弱性ももたらすため，これらの負の側面を緩和するための政策的な対応が必要である，というのが同報告書の主張である。

2. デジタル化がもたらす影響

(1)　リープフロッグの可能性

表9－3で確認したように，デジタル化は機会と可能性を提供する一方で，リスクと脆弱性ももたらしうる。デジタル化による恩恵は決して約束されたものではない。問題は新技術の可能性を実現し，そのリスクをいかに管理していくかである。

以下ではいくつかの面からこのことを確認しておこう。

可能性の面で，とりわけ新興国にとって重要な示唆は，デジタル化が国家や企業の発展にとって新たな機会を提供することである。とくに先進国との差を一気に詰め，そして一部の領域では先んずることもありえる。いわゆる飛び越え型（リープフロッグ型）の発展である。

図９-１は飛び越え型の発展を概念図化したものである。縦軸に旧来型の技術軸を，そして横軸に新興の技術軸をとっている。電話機を例にとってわかりやすく表現すれば，縦軸が固定電話の普及を，そして横軸に携帯電話の普及をとってみる。先に発展を開始した先発国（front runner，図ではF）は，初期時点（t ＝ 0）の時点で利用可能な技術である旧来型の技術への投資を開始し，縦軸で上方向に発展する。この時点で，縦軸の観点からみれば，当然ながら先発国は後発国（latecomer，図ではL）よりも先に行っている。

しかしある時点（t ＝ 1）で新技術である横軸が選択可能になったと

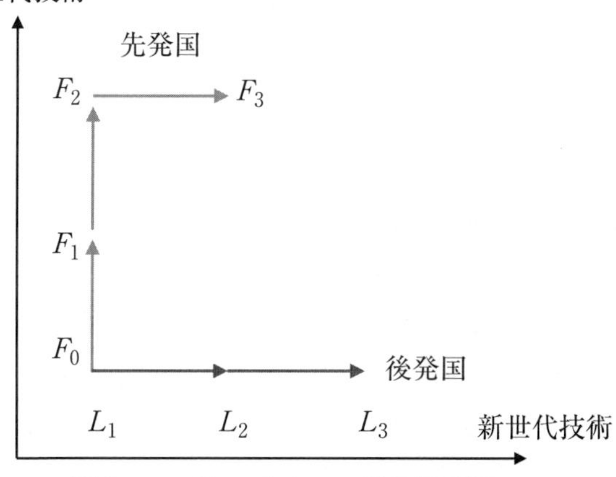

図９-１　リープフロッグの概念図

出所：筆者作成。

しよう。この時に，旧来型の技術に一定の投資を行ってきた先発国は，旧来型の技術への投資を持続させながら，新技術への投資を行う必要が生じる。一方で，後発国は発展を開始した時点で選択可能なより優れた技術への投資に特化するかもしれない。この場合，後発国は，縦軸では低位水準のまま，横軸で右方向に発展を開始しうる。先発国は，旧来型技術への投資を行っていたがゆえに，t＝3の時点においては，横軸で比べると後発国よりも遅れた水準になりうる。図9－1はあくまでも概念図であるものの，固定電話を飛び越えた携帯電話の普及や，銀行口座の開設の前に普及した携帯電話の口座が金融口座の役割を果たしはじめるといったパターンが新興国で生じている。

後発国がこうした可能性を実現できるのかは自明ではないものの，アジアの新興国の多くはデジタル化を強調した新たな成長戦略や国家開発構想を打ち出している（OECD 2021；大泉 2021）。例えばシンガポールはSmart Nation構想（2014年始動），タイはThailand 4.0構想（2016年始動），インドネシアはメイキング・インドネシア4.0構想（2018年始動）といった具合いである。中国政府も中国製造2025構想やインターネットプラス政策を通じて産業の高度化や，社会のデジタル化を推し進めようとしている。

（2） 労働市場への影響と懸念

新技術が新興国にチャンスをもたらす一方で，広く懸念されているのは労働市場に与える影響である。デジタル技術の多くは，業務の効率化と自動化につながるため，同一の業務を遂行するうえでの省人化が進むことが予想されている。同時に，新技術は省人化につながるだけでなく，もう一方では新たな雇用を生むかもしれない。経済学者が注目している論点の一つに，新技術がどの程度新たな職種を作り出すのか，という点がある。

このことを概念図化したのが図9－2である。横軸に各種の就業部門を，縦軸にそれぞれの部門の雇用量をとっている。デジタル化が始動する前の時点での雇用量は，左側の長方形の面積となる。ここでデジタル化が進んだ場合，2つの効果が生じうる。第一の効果は自動化による雇用の喪失である。既存の雇用部門の中には，自動化による影響を大きく受ける部門（縦軸の減り幅が大きい）もあれば，そうでない部門もある。そして第二の効果は革新によって新たに創出される雇用である。問題は第一の喪失効果と第二の創出効果が，量的にどのように生じ，また質的にはどのような職種でそれぞれ効果が立ち現れるのか，である。

雇用喪失の面では，自動化が雇用に与える影響についてショッキングな推計結果を示したのがオックスフォード大学のディクト・フレイとマ

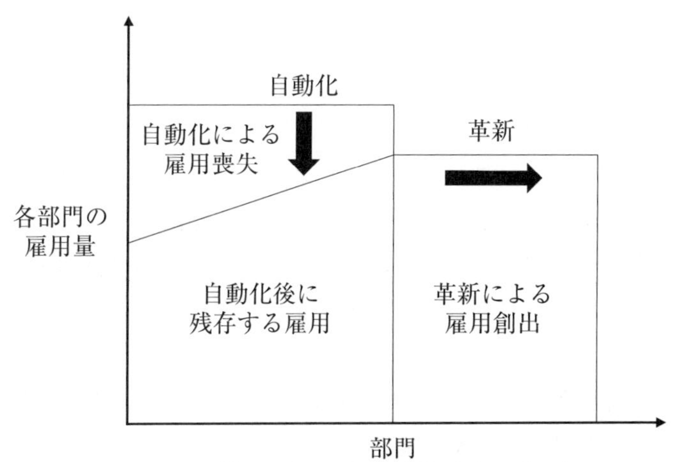

図9－2　自動化と革新が雇用に与える影響

出所：World Bank（2019），p.29。元図はエドワード・グレイザー作成。

イケル・オズボーンによる論文であった（Frey and Osborne 2013）。彼らは専門家による職種ごとの自動化リスク評価をもとに，米国の702の職種別の自動化確率を推計し，将来的に米国の雇用のうちで47%が今後10年から20年の間に自動化されるリスクが高い（自動化確率が70%を超える）との推計結果を公表した。これに対して，「フレイとオズボーンの推計は自動化による労働の代替効果を過大に評価している」という指摘もされている（Arntz, Gregory, and Zierahn 2016）。

雇用創出の面ではどうか。新興アジア諸国に目を向けてみると，デジタル化の進展は少なくとも明らかに２つの大きな職種を作り出している。新たに作り出された一つ目の職種は，デジタルな技術を支えるプログラマーやデータ分析を担うエンジニア人材である。アジア諸国の主要都市には，これらの新技術を活用して成長を目指す新興企業（スタートアップ企業）も多く生まれている。こうした企業は国内外から優れたエンジニアを採用し，それによって新たなサービスを提供しようとしている。

２つ目の職種は，宅配やライドシェア（プラットフォーム企業が民間タクシーの需給をマッチングするサービス）の宅配業務を担うラストワンマイル人材である。これらのサービスは，携帯電話の普及によって，人々のスマートフォン１台１台が，サービスの発注と受注に利用可能になったことによって大きく成長してきた。一人一人が，料理を注文する消費者となることもできれば，料理を届ける宅配人としても活動しうるわけである。

デジタル化が作り出したこの２つの職種は明らかに異なる特性がある。前者には新世代技術を開発する高い技能が求められる一方で，後者は技術的な要件は低く，参入障壁は低い。また現状では，前者の職種が比較的に社会保障の対象となりやすい。一方でプラットフォーム企業のもとでラストワンマイル人材として働く人たちが，労働者なのか，それとも自営業者なのかはグレーゾーンとなってきたため，社会保障制度はいまだに未整備である。

（3） 政治への影響

デジタル化は政治とも深く関わる論点となっている。とくに世界的に高い関心を集めてきたのは，権威主義体制とデジタル技術が融合する現象で，デジタル権威主義とも呼ばれている（Freedom House 2018）。

インターネットが普及しはじめた1990年代には，インターネット上の情報発信を政府がコントロールすることは困難だと考えられていたため，むしろ新技術は権威主義体制の基盤を弱め，民主的政権の誕生につながると考えられていた。つまり権威主義体制にとって新技術は脅威だということになる。中東と北アフリカで2011年以降本格化した「アラブの春」に代表されるソーシャル・ネットワーキング・サービス（SNS）を活用した民主化運動の広がりは，その現れと受け止められた。

しかし，2010年代以降，権威主義体制がインターネットを遮断したり，政権にとって不都合な発信を削除したり，そうした発信をする個人を特定して弾圧したりできることが明らかになってきた。権威主義体制は少数の個人や組織が権力を維持強化するために，人々の行動を監視し，言論空間での検閲を行おうとするインセンティブが強い。これが技術的に実行可能だとすれば，権威主義体制にとって，新技術はむしろ政権基盤を強化するうえでの便利な道具の一つということになる。

今や政治体制が原因で国民がインターネット経由でアクセスできる情報が制約されることが一般化しつつある。フリーダム・ハウスの調査によれば2017年から2018年にかけて，調査を行った65か国のうち26か国で「インターネットの自由」が低下した。さらに，2018年から2019年にかけては33か国で同指標が低下した。こうした動きによってインターネットはますます分断されつつあり，「スプリッターネット」とも呼ばれている。

2019年のデータでは，世界のインターネット・ユーザーのうち，自由なアクセスを有しているのは全ユーザーの20%に過ぎない。32%は部分的な自由にとどまり，35%は不自由なアクセス条件となっている（残りの13%は調査対象外）。また世界のインターネット・ユーザーうち46%は，当局が政治的な理由からインターネットや携帯ネットワークを遮断することがある国に住み，71%はインターネット上に政治的，社会的，宗教的な投稿をすることによって拘束されるリスクがある国に住んでいる。インターネット上の政治的な自由は，世界的にみればむしろ少数の人が享受するにとどまっている。

問題は権威主義体制にとどまらない。アジアの新興国では，選挙が行われる国々も少なくないが，これらの国では近年，主要な選挙のたびにフェイクニュースの流布が問題となっている。

調査会社イプソスが，インターネットソサエティ（ISOC）と国連貿易開発会議（UNCTAD）との協力のもとで，25か国・地域のインターネット・ユーザーを対象として実施した「グローバル・インターネット安全・信用調査」によれば調査対象者の65%がソーシャルメディアでフェイクニュースに遭遇した経験があると答えている。中でも，新興国ではより深刻である。フェイクニュースに遭遇した経験は，先進国（G8）諸国では56%，欧州では54%と若干低い一方で，中東・アフリカでは78%，ラテンアメリカでは77%となっている。国別では，ナイジェリアでは実に87%，インドネシアで83%の回答者がフェイクニュースの閲覧経験があると回答している。これらの国ではソーシャルメディア上の情報の信頼性が著しく低い。

インドネシアの場合，2019年４月の大統領選では，ジョコ陣営とプラボウォ陣営がともにソーシャルメディア上で積極的な選挙運動を展開した。選挙期間中，「ジョコ大統領は共産主義者である」といった扇動的な情報もソーシャルメディア上で広くシェアされた。最終的には選挙運動前の支持率とほぼ一致した選挙結果となり，ジョコ大統領が再選されたため，こうしたフェイクニュースがどこまで結果を左右したかは定かではない。

それでも選挙キャンペーンを通じて，有権者が元々支持していた候補をより強く支持する傾向がみられ，社会の分断が深まった（岡本 2019）。なお，インドネシアは政府としてデジタル化に意識的で，今回の大統領選でジョコ陣営がビッグデータを活用して世論の分析に努めたのみならず，2017年のジャカルタ州知事選挙以来，インドネシア政府の通信・情報省がフェイクニュースを発見・監督する仕組みを導入している。

3. 新興アジアにとっての含意

最後に新興アジア諸国全体にとって，デジタル化はいかなる含意があるのかを検討しておこう。重要な事実は，デジタル化は決してアジア地域でのみ生じているのではないことである。これは工業化との対比において明確である。本書の第３章をはじめとして，戦後アジアの高度成長は輸出志向型工業化にとってけん引されてきた。世界的にみても，東アジア地域は特に製造業の発展が著しい地域となった。後述するグローバル・バリュー・チェーンの観点でみても，東アジアは世界の中で重要な位置を占めている。

しかしデジタル化の観点では，南アジア地域でも，アフリカ地域でも，中近東地域でも，南アメリカ地域でも興味深い試行錯誤が続いている。製造業の観点ではアジアを一つの工場と捉える「ファクトリー・アジア」としての見立ても成り立ってきたが，デジタル化の観点では成り立たないかもしれない。

それでもあえてアジアのデジタル化のポテンシャルに着目するとすれば，以下の3点を指摘できる。

第一は，東アジア地域に，有力プラットフォーム企業，ハイテク企業が成長してきていることである。とりわけ巨大な中国市場に依拠して成長してきたアリババやテンセントは，米国のGAFAM（Google, Apple, Facebook, Amazon, Microsoft）を除けば，最大規模の企業価値をもつと評価されてきた。加えて東南アジアにもゴジェックやグラブといった新興企業が成長してきた。見逃せないのは，製造業の基盤をもっているがゆえに，通信機器のメーカー，自動車メーカー，そして半導体のサプライチェーンが東アジアに存在していることである。デジタル化を進めるうえでは，ソフトウェアだけでなく，ハードウェアの技術が必要であり，その技術者がとくに東アジアには多く蓄積されている。

第二に，アジア地域には世界最大規模のデジタル人口（携帯電話ユーザー，インターネット・ユーザー）がいる。これは中国，インド，インドネシアといった人口大国にけん引されている。ユーザー規模はすなわち市場規模につながるため，アジア地域から有力企業が登場するのは自然なことでもある。

そして第三に，すでに触れたように各国の政府，そして地域国際機関も，積極的にデジタル化政策を立案している。個別国の構想としては，例えばシンガポールのスマートネイション構想，タイのタイランド4.0，中国の「数字中国（デジタル・チャイナ）」構想等を挙げることができる。加えてASEANは，2020年11月に「ASEAN包括的復興枠組み（ACRF）と行動計画」を採択し，5つの枠組みのうちの一つが「包括的なデジタルトランスフォーメーションの加速」となっている（大泉・伊藤・金，2021）。

果たして新興アジアは工業化に加えて，デジタル化の面でも，世界的に突出した成果を挙げるだろうか。その答えはまだ明らかではないが，注目に値する論点である。

10 顕在化する格差

高木佑輔

《学習のポイント》
・新興アジアの格差問題について，所得格差，ジェンダーやエスニシティに注目して現状を理解する
・格差問題の対応策として，社会福祉の特徴を理解する

《キーワード》 貧困，所得格差，クズネッツ曲線，社会福祉，ジェンダー，エスニシティ

1. 成長の中での社会問題の変容―貧困から格差・分断へ

新興アジアの経済成長は目覚ましいが，貧困問題が解消したわけではない。ジェンダーやエスニシティに基づく差別や排除の問題も顕在化している。成長の一方，成長から取り残された人々が増大すれば，社会の分断や，分断を煽るポピュリズムを招きかねない。

本章では，経済格差，ジェンダー格差とエスニック・マイノリティを取り巻く問題をそれぞれ取り上げる。その際，それぞれの課題に対する対応策として多様な社会政策の在り方を確認する。

2. 貧困撲滅と格差是正

(1) 貧困

絶対的貧困率は人口に占める一日2.15ドル以下の暮らしをする人の割合である。1990年代以降の推移をみると，世界全体で状況の改善がみられる。

図10－1は，データの欠損が多いものの，世界全体で貧困率が徐々に低下してきたことが分かる。地域でみると，東アジアと大洋州諸国全体では，2005年を境に世界平均よりも状況が改善した一方，南アジアの状況改善にはより多くの時間がかかっていることが分かる。個別の国についてみると，1990年当時，中国やインドネシアは世界平均よりもはるかに多くの貧困層がいたことが分かる。中国の貧困層の割合が世界平均よ

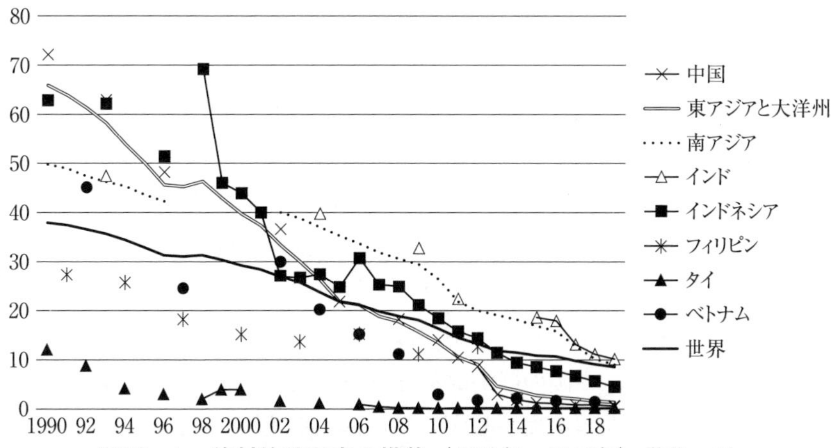

図10－1 絶対的貧困率の推移（1990年～2019年）単位：％

出所：“Share of population in extreme poverty,” Our World in Data（https://ourworldindata.org / grapher / share-of-population-in-extreme-poverty?country=BGD~BOL~MDG~IND~CHN~ETH）より筆者作成。

りも低くなったのが2008年以降，インドネシアの場合，アジア通貨危機後の経済危機と社会経済混乱で極度に悪化した後，ようやく2013年以降に世界平均よりも低くなった。

貧困削減に貢献したのは，何よりも経済成長である。第５章で紹介した世界銀行の報告書『東アジアの奇跡』が指摘したように，20世紀後半の東アジアの成長は，製造業に特化した労働集約産業の成長を通じた「成長の共有」がみられたことに特徴があった。労働集約的な製造業は，国内の幅広い層の雇用を生み出した。また，輸出が拡大したことで，雇用機会はさらに拡大した（世界銀行 1994）。

ただし，貧困問題が解決したわけではない。むしろ，成長の陰に隠れて忘れられつつある問題ともいえる。2000年代以降の急成長は，「成長の共有」が過去のものになった可能性を示すという指摘がある（アジア開発銀行 2021）。実際，都市における経済活動の拡大は，中間層と貧困層との間，都市と地方との間の格差を拡大しつつある。

（２） 格差

格差にまつわる代表的な仮説として，クズネッツ曲線がある。19世紀から20世紀前半の欧米の事例に基づくこの仮説によれば，経済成長を経験する社会の所得格差は，逆Ｕ字型の曲線を描いて変化していく。つまり，発展の初期には，一部の層のみの所得が向上することから社会全体でみた場合の格差が広がり，やがてほかの層の所得も上昇することで格差は縮小に向かう。中国の経済改革を主導した鄧小平の「先富論」は，まさにクズネッツ曲線を反映している。習近平政権が2021年以降に先富論を批判し，共同富裕を主張するようになったことにみられるように，いずれの国もやがては格差の問題に向き合わざるを得ない。

格差を計測する指標は複数あるが，代表的なものとしてジニ係数があ

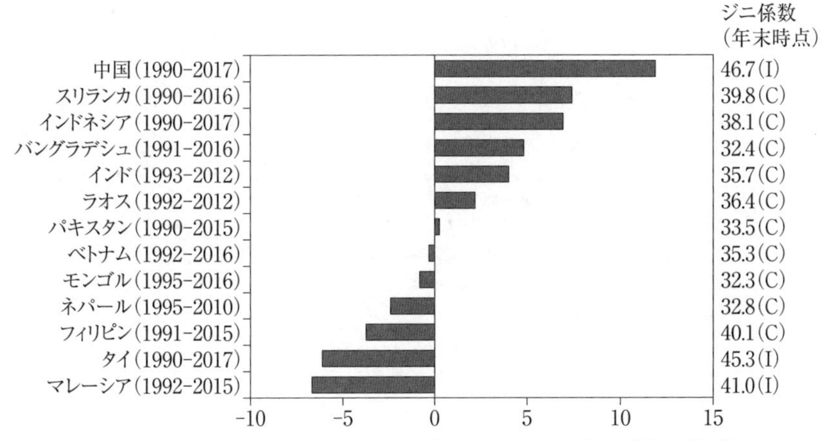

図10－2　1990年代から2010年代にかけてのジニ係数の推移

出所：アジア開発銀行 2021，364頁 図11．3。

る。ジニ係数は所得の平等度を測る指標で，０に近いほうが平等であり，１に近いほうが不平等となる。より具体的にいえば，社会の構成員全員が同じ所得を得ていると０，一人の人間が全所得を独占していると１になる。

上記の図10－2は，1990年と2010年代後半までの期間で，ジニ係数がどのように変化したかをまとめている。図から，新興アジアの中では中国，インドネシア，バングラデシュやインドなどでジニ係数が増加した一方，マレーシア，タイ，フィリピンやベトナムではジニ係数が低下したことが分かる。

アジア開発銀行によれば，格差が拡大した諸国では，技術革新が進み，製造業の生み出す付加価値のうち労働に起因する所得の割合が低下し，資本に起因する所得の割合が増加した（アジア開発銀行 2021，365-370頁)。換言すると，製造業における労働集約的な側面が後退し，資本集

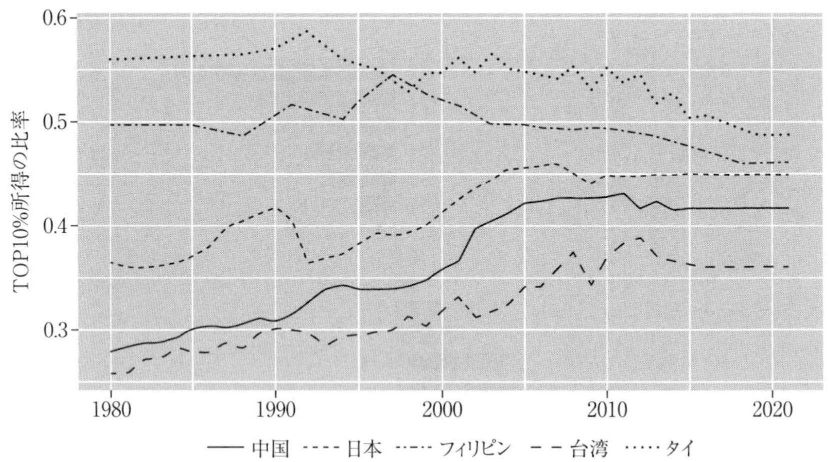

図10－3　所得上位10%が全人口に占める割合

出所：Facundo Alvaredo and Anthony B. Atkinson and Thomas Piketty and Emmanuel Saez. 2020. World Inequality Database. WID.world. http://wid.world/data より伊藤亜聖作成。

約的な過程が増大したといえる。また，労働需要に関しても，かつては低技能職に対する需要が大きかったものの，徐々に高技能職に対する需要が増大しており，所得格差を生み出す原因となっている。

ジニ係数がある国全体の格差を計測しようとするのに対し，特定の層への富の偏在を計測する方法として，上位数パーセントの人口が，その国の所得全体の何パーセントを占めるかに注目する研究がある。

図10－3でみると，1980年代当時，格差の比較的少なかった台湾，中国や日本においては，特に2010年ごろまで格差拡大の傾向が続いたこと，格差のそもそも大きかったタイやフィリピンでは1990年代以降に若干の改善傾向をみることができる。

格差を計測する際の最大の課題は，所得以外の資産価値の評価である。

富裕層になればなるほど，国内外の不動産，株式や債券など，現金や月々の所得とは異なる資産を保有している。これらの実態を把握すること自体が極めて困難であるうえ，価値の査定にも困難が付きまとう。結果として，格差は常に過小評価されるという批判にさらされる。

（3） 福祉国家の3つの役割

貧困と格差に対する対応策としては，福祉国家についての研究蓄積が参考になる（ガーランド 2021）。福祉国家の役割として，①貧困対策，②社会保険を含む社会政策，そして③資本主義を順調に動かすための統治の仕組みという3つがある（ガーランド 2021）。

貧困対策はもっともわかりやすい。アジアを含む途上国研究では，貧困層に対する福祉の提供をモラルとするコミュニティの存在を重視するモーラル・エコノミー論がある（スコット 1999）。ただし，市場経済の進展により，こうしたコミュニティの紐帯がほとんど解体したことを考えれば，モーラル・エコノミー論のみで新興アジアの社会福祉を論じることはできない。福祉国家研究者のガーランドが，福祉国家の主な対象は貧困層ではなく中間層だと主張するように，中間層の拡大する新興アジアにおいても，社会政策の拡充や福祉の商業化が進展しつつある。

社会政策は，社会におけるリスク管理のための政策である。もっとも代表的なのは，病気やケガに備えた社会保険制度である。ただし，社会保険制度がカバーする対象，失業対策や退職後の年金制度も含めたより広義の社会政策の中身については，各国や企業ごと，さらには雇用形態ごとに異なる。

新興国の社会政策としては，政府の役割に加え，民間企業の役割にも注目が集まっている。東アジアの社会保険を分析した末廣は，政府主導の社会政策の制度化，家族や地域コミュニティにサービス提供を期待する社会化，そして両者の隙間を埋める商業化の3つの可能性を提示した（末廣 2010）。欧米を中心とする福祉国家論では，アジアの家族の紐帯を強調する傾向があり，社会化に注目が集まるものの，末廣らの調査は，アジアを一括りにしていることの限界を指摘している点が重要である。

末廣らは，韓国や台湾の退職年金制度を新興アジアにおける社会政策の制度化の事例として取り上げている。また，マレーシアとシンガポールの政府による積立制度を基盤にした社会保障制度についても考察がある。ただし，東南アジア諸国の社会保障制度の多くは，人口の多くを占める農民を含まず，包摂的な制度をいかに実現するのかが課題となっている。

制度化の動きが課題に直面する一方，進んでいるのは商業化の動きである。2000年代以降，韓国と台湾に加え，タイやシンガポールで介護施設や医療保険などをパッケージ化した生命保険の商品化に注目し，福祉の商業化が進んでいることを指摘する。特にタイやシンガポールは，新興アジアの中でも高齢化が進んでおり，こうした保険商品の需要が大きくなったと考えられる。末廣らの研究は，伝統文化を過度に強調せず，社会経済の実態を把握することの必要性を示している。

資本主義を動かすための仕組み作りという福祉国家の3つ目の役割を換言すれば，社会政策を通じた経済成長，経済成長を通じた社会福祉の実現を目指すものといえる。例えば，アメリカのビル・クリントン大統領（当時）に代表されるニュー・デモクラットや，英国のトニー・ブレア首相（当時）に代表されるニュー・レイバーが具体例といえる。ブレア首相のブレーンの一人となった社会学者のアントニー・ギデンスは，「社会福祉から労働福祉へ（from welfare to workfare）」という標語の下，社会政策と成長政策の組み合わせを目指した。

新興国の文脈でいえば，社会福祉よりも人的資本投資を重視する方向への政策転換と読み替えることができる。多くの新興国が採用する条件付き現金給付政策は，人的資本開発支援の典型といえる。フィリピン政府は2008年に「フィリピン家族のための橋渡しプログラム」を開始した。フィリピンの場合，子供への教育機会提供に加え，親のワークショップ参加を条件とすることで，リプロダクティブ・ライツや家庭内暴力に関する啓発活動が組み込まれている（アジア開発銀行 2021，376頁）。

条件付き現金給付は，貧困削減のみならず，次節で取り上げる女子教育の改善の面でも大きな成果を上げている（アジア開発銀行 2021，378頁）。1993年に「教育のための食料計画」を開始したバングラデシュでは，子供が小学校に通うことを条件にして，貧困家庭に穀物の配給を行っている。こうした政策の結果，バングラデシュは，南アジアでは例外的に女子の平均就学年数が男子よりも長い状況を実現した。

3. ジェンダー平等

（1） ジェンダーに基づく不平等

世界経済フォーラムが毎年公表するジェンダー・ギャップ指数ランキングの2021年版（156か国対象）によれば，新興国入りしたアジア諸国においても，ジェンダー・ギャップがいまだに大きな課題である。新興アジアでもっとも評価が高いフィリピンは，世界17位だが，その次はラオスが36位である。そのほかの諸国の場合，インドの140位やマレーシアの112位など，下から数えたほうが早い状況である。

新興アジア諸国に共通する課題としては，ジェンダーに基づく教育機会の違い，女性の産む権利の侵害，職場における不平等な扱いなどがある。中でも，女子教育に関しては，アジア各地でのばらつきが大きい（アジア開発銀行 2021，376頁）。男女の平均就学年数の差について，1960年代と2010年を比べると，東アジアでは1.7年から0.1年に縮小し，東南アジアでは，1.3年からマイナス0.2年となった。マイナスというのは，女子の就学年数の方が長くなったことを意味しており，顕著な改善といえる。一方，南アジアでは1.2年から1.9年に拡大している。その結果，識字率についても南アジアでは男女の差が大きい。

（2） ジェンダーと開発

ジェンダー格差に対する政策については，国連をはじめとする国際機関がアジェンダ設定を担い，各国がそれを実現していく流れがある（アジア開発銀行 2021，373-402頁）。1975年には第1回世界女性会議が開始され，開発における女性というアジェンダを提示した。1979年には，「女子に対するあらゆる形態の差別撤廃に関する条約」が国連総会で採択された。さらに，1995年に北京で開催された第4回世界女性会議では，あらゆる分野でジェンダー平等を実現するべきとする「ジェンダーの主流化」を打ち出した。

開発における女性の役割を重視する実践例として，バングラデシュのグラミンバンクが名高い（アジア開発銀行 2021，392頁）。グラミンバンクは，農村の女性に対する少額金融（マイクロクレジット）事業を手掛け，女性の社会進出と同時に農村における金融包摂を実現，2006年には創設者であるムハマド・ユヌスがノーベル賞を受賞した。

フィリピンにおけるリプロダクティブ・ヘルス法の制定の事例からは，ジェンダー平等を実現するうえでの「ジェンダーの主流化」の重要性が浮かび上がる（Takagi 2017）。国民の8割以上がカトリック信者であるフィリピンにおいて，教会は一定の政治的影響力がある。こうした影響は，離婚や中絶を法的に禁ずるなど，実定法にも表れている。そうしたフィリピンにおいて，2012年に，主に性教育の普及と，保健所等での避妊具の配布を意図したリプロダクティブ・ヘルス法が成立した。この法律は，カトリック教会の公然の反対に直面しながら，女性の産む権利を擁護するフェミニスト団体に加え，母児の健康を擁護する保健衛生の専門家，さらに，人口爆発を懸念する一部の経済団体の声を反映してようやく実現した。当初フェミニスト団体はリプロダクティブ・ライツを重視したが，多くのステークホルダーを巻き込むため，力点を女性の権利から母児の健康に移し，リプロダクティブ・ヘルス法とすることで賛同を増やすことに成功した。ジェンダーの主流化は，ジェンダーを主張する側にも一定の変化を促す流れと理解できる。

4. エスニシティ

新興アジア社会の分断を考える時，エスニシティに基づく分断を避けることはできない。エスニシティに基づく社会の分断は，大きく２つの問題に分けられる。一つは，数の上で少数派であり，経済的にも恵まれない社会経済的な問題に直面するエスニック・マイノリティの問題がある。他方，数の上で少数派ではあるが，多くの場合，経済的には恵まれたエスニック・マイノリティの問題がある。後者の代表例は，東南アジア各国に住む華人である。歴史上，インドネシアで繰り返し生じた反華人暴動にみられるように，経済的な立場だけで華人の生活が安定すると考えるのには無理がある。本節では，エスニシティを軸とする社会の分断について，社会経済的な課題と，社会的な課題のそれぞれについて検討する。

（1）　社会経済的マイノリティへの対応

全般的な貧困率の低下が進むことで，根強く残る貧困を取り巻く社会状況が明確になりつつある。換言すれば，新興国における貧困問題の多くは，国内の少数派の問題となりつつある。例えば，フィリピンの貧困

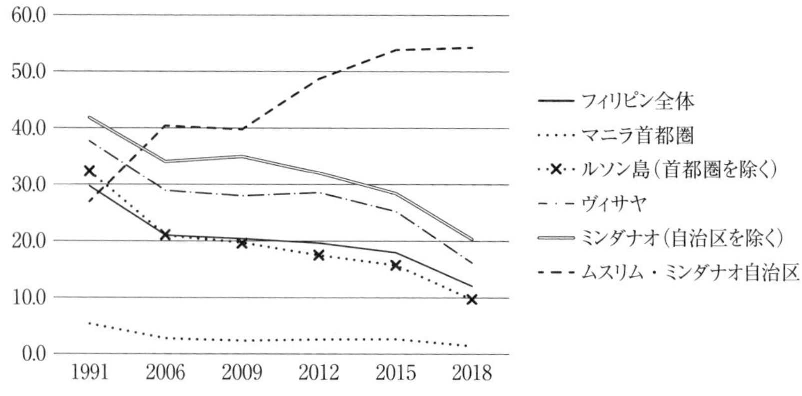

図10－4　フィリピン国内の貧困率の推移

出所：フィリピン統計局資料より筆者作成。

率を地方ごとに確認すると，フィリピン社会の少数派であるムスリムの自治区の貧困率のみが上昇する傾向が見て取れる（図10－4）。

ムスリム・ミンダナオ自治区（通称 ARMM，2019年以降は BARMM）の貧困率が上昇する最大の要因は，この地域の治安が保たれないことである。この地域は，1960年代以降，フィリピン北部や中部からのキリスト教徒の移民と，もともと住んでいたムスリムや少数民族との間で，主に土地をめぐる緊張関係が高まり，宗教対立にいたった。2000年代以降，宗教対立よりも，アルカイーダや ISIS など，フィリピン国外の過激主義思想に基づく暴力が顕著になったが，BARMM 地域の社会経済発展が進まない状況に大きな変化はない。

（2）　社会的マイノリティへの対応

第８章でふれたオンやアンダーソンの事例が中国系移民であるように，新興アジア地域においても華僑・華人のプレゼンスは大きい。なお，単純化すれば，華僑は，一時的に祖国を離れた中国人を意味するのに対し，華人は，各地に定住した中国人，あるいは中国以外の地で生まれた二世や三世のことを指す。また，華人の場合，中国人の父親が定住先で出会った女性との間に生まれた子供も多く，そうした人々に対して，メスティソ（フィリピン）やプラナカン（インドネシアやマレーシア）などと独特の呼称が使われることも多い。華僑の多くは中国語を母語とするのに対し，混血を含む華人の大半は，フィリピンのメスティソのように，生まれた国の言語を母語とし，生活習慣の多くも非中国的な場合が少なくない。

前述の社会経済的エスニック・マイノリティの多くが経済的に厳しい状況にあるのに対し，華僑・華人の場合，経済的には多数派のエスニック・グループの人々よりも裕福な場合が少なくない。その結果，華僑・華人に関する議論が，エスニシティに基づく差別の焦点となる。

ただし，華人は，新興アジアそれぞれの社会の中で異なる立場を占めている。華人に対する対応の違いは，第８章でふれた同化，統合，あるいは多文化主義政策の分類で整理できる。同化の動きが顕著だったのがスハルト政権時代（1965–1998年）のインドネシア，統合が進んでいるのがフィリピンおよびタイをはじめとする大陸部東南アジア諸国，留保はつくが多文化主義的な方向性をもっているのがマレーシアとシンガポールといえる。

インドネシアの同化政策については，その限界を含めて多くの研究がある。1965年９月30日事件の後に発足したスハルト政権は，華人に対する同化政策を進めた。未だに九・三〇事件の真相は明らかではないが，陸軍最高幹部の暗殺，陸軍戦略予備司令官だったスハルトによる暗殺実行部隊の鎮圧，極めて暴力的な過程を伴うスハルトによる権力掌握のきっかけとなった。スハルトによる権力掌握過程では，共産党党員，シンパやその疑いをかけられた人々を中心に全国で数十万から100万人ともいわれる人々が殺害された。さらに，暴力の対象は共産党から，華人へと移り変わり，反華人暴動の色彩を強めた（貞好 2016）。その後，スハルト政権は，軍を中心に華人の同化政策を進めていく。

ただし，しばしば開発体制の典型とされるスハルト政権の華人政策を同化政策としてのみ理解することには限界がある（貞好 2016，207-217頁）。貞好は，スハルト政権が，対外的には中国との二国間関係を凍結した一方，国内では「華人資本の総動員」とも呼ぶべき政策を展開した点に注目する。スハルト政権の華人政策は，国籍の選択，漢字の使用や中国風の氏名の使用さえも抑圧する強引な同化政策の一方，経済的には華人の力を動員することを目指した点に特徴がある。同化政策は，華人資本動員の手段という側面が強かった。九・三〇事件の反華人暴動化の経緯をみれば，非華人の側に華人に対する警戒感や敵愾心が強く，その矛先を鈍らせる意味でも同化政策が使われたという側面がある。

スハルト政権期，外国籍華人の数は減少を続けた（貞好 2016，248頁）。1971年には約103万人とされた外国籍華人は，1980年には約46万人，1992年には約20万８千人にまで減少した。他方，同じ時期，国籍を問わない華人の総数についての推計では400万人から500万人と幅があるが，華人全体に対して外国籍華人の割合の小さいことが確認できる。

しかしながら，同化政策が華人問題を解消することにはいたらなかった。同化政策の限界を最も痛ましい形で示すのが1998年５月，スハルト政権崩壊直前に起きた大暴動である（貞好 2016，262-264頁）。当時は，アジア通貨危機に端を発する経済危機の最中であり，インドネシア政府はIMFからの緊急融資の条件となった石油燃料や電気料金の値上げを断行した。他方，1998年３月にはスハルト大統領は７期目を迎え，長女や大統領の金庫番といわれた側近を閣僚に任命し，改革を期待した人々の失望を招いていた。同年５月，学生たちの平和的な反政府集会の終了直後に軍・警察が発砲，４名の学生が射殺された事件を一つのきっかけに，ジャカルタ，中部ジャワのソロ，東ジャワのスラバヤなど各地で暴動が発生した。この暴動の全貌はいまだに解明されていないものの，当時の戦略予備軍司令官でスハルト側近であった軍人のプラボウォ・スビアント（後のジョコ政権で国防大臣）が暴動を利用したことや，暴動を煽るようにやくざ集団（プレマン）を煽ったことは「ほぼ定説となっている」（貞好 2016，263頁，本名2013）。

暴動の最中，華人所有と思われた多くの住宅や商業施設の略奪・放火や自家用車が破壊された。さらに，必ずしもすべてが華人とは限らないものの，暴動の犠牲者も多数に上った。ジャカルタに限っても，州政府発表で288名，民間団体「人道のための融資委員会」の発表で1,217名の死者，31名の行方不明者が出た。さらに，暴動の最中，凄惨なレイプ事件の報告も多く，大暴動は華人社会に深い傷跡を残した。スハルト大統領は，この暴動直後に辞任し，32年間にわたるスハルト政権は崩壊した。政権崩壊後，スハルトの側近の一人として同化政策を支えたはずの華人ユスフ・ワナンディは，スハルトの華人同化の戦略は「破綻」したと断言するにいたった（貞好 2016，270頁）。

5. 包摂と２つの多様性

経済成長に伴い，絶対的貧困の撲滅は一般的な課題ではなく，特殊な問題に変わりつつある。課題は貧困よりも格差であるという指摘も少なくない。本章では，経済力，ジェンダーとエスニシティに基づく格差の可視化を試みた。そのうち，経済格差については，問題を可視化し，成長や包摂といった解決の方向性があるように思われる。エスニック・マイノリティの問題は，社会経済問題と社会問題の２つが混在している。

社会経済問題の解決には，経済成長が処方箋となる。

ジェンダーに基づく格差や一定の経済力があるものの社会的な差別が残る華人の場合，問題の「可視化」自体が問題を生み出す側面もある。本章で取り上げたインドネシアとマレーシアの事例では，政府は華人の存在を自明視したうえで対策を練ってきたといえる。しかしながら，第８章で取り上げたオンが「柔軟な市民権」の中で論じるように，華人とされる人々が，常に華人性を強調して生きているとは限らない。人は，職業人，組織人，家族の一員，あるいは他者からの押し付けを拒絶した自分なりのアイデンティティを大切に生きることもある。社会の多様性を称揚することに加え，個人の中の多様性を称揚することが，エスニシティに基づく差別を乗り越える一つの道筋と考えられる。

11　グローバル・バリュー・チェーン

伊藤亜聖

《学習のポイント》
・東アジア生産ネットワークの特徴と理論的背景を理解する
・付加価値の取り合いの中でのアジア企業の戦略と成果を理解する
・グローバル・バリュー・チェーンの地政学的含意を理解する
《キーワード》 東アジア生産ネットワーク，グローバル・バリュー・チェーン（GVCs），工程間分業，スマイルカーブ，電子機器受託製造サービス（EMS），デカップリング

1．東アジア生産ネットワークの形成

（1） アジア化するアジア

1997年のアジア通貨危機発生の後，アジア経済には悲観的な見解が示された。マイナス成長を記録する国が続出する中で，これはある意味で理解できることでもあった。この状況の中，韓国の高度成長期を中心にアジア経済を研究してきた渡辺利夫は，1999年に「アジア化するアジア」という論考を発表して，以下のように指摘した。

「東アジアに日本を含めると1997年の域内貿易比率は49.6%となり，海外直接投資の64.8%が域内からのものとなる。貿易財と投資資金が域内を循環するという態様が東アジアには生まれているのであり，私はこれを「域内循環構造」と称する。その結果，東アジアの経常収支は地域全体としてみれば黒字を計上している。世界で外貨準備

が集中するのも東アジアである。」(渡辺 1999, 91頁)

アジア域内でますます多くのモノとカネが循環する趨勢を「アジア化するアジア」と指摘したのである。アジア金融危機後のアジア諸国は,予想されたよりも早くV字回復を遂げた。2001年の中国のWTO加盟は,中国大陸の沿岸部への外資投資のブームをもたらし,長江デルタ地域,珠江デルタ地域を中心に一大生産拠点が形成された。これにより,東アジア「諸国」の輸出志向型工業化は,もはや東アジア「地域」を横断する大潮流と変貌を遂げていったのである。

(2) 東アジア生産ネットワーク

アジアが「地域」としての工業化を遂げるということは,相互に様々な財を輸出しながら,ある意味で,共同で「アジアとしての大工場(Factory Asia)」を形作ることに他ならない。

貿易データから東アジア地域の特徴を確認してみよう。東アジアの貿易構造の特徴は,域内での中間財の輸出の伸びが著しかったことである。中間財とは,最終財を製造するための部品を意味している。東アジア,欧州(EU28か国),そして北米(NAFTA加盟国)の3つの地域ごとに,域内への輸出額を品目別にみたものが図11-1である。真ん中のEU28か国では,域内輸出の最大の品目が加工品,そしてそれにほぼ同規模で消費財が続く。北米地域でも規模は異なるもののおおむねその傾向は変わらない。それに対して東アジア地域では,中間財と加工品が最大となり,そして3番目の品目も2000年代以降には資本財(製造機器等)となっている。東アジアでは明らかに製造業の原材料,中間財,そして設備といった品目が域内貿易の拡大をけん引してきたのである。

すなわち,東アジアにおいては国境を越えて様々な原材料・中間財・

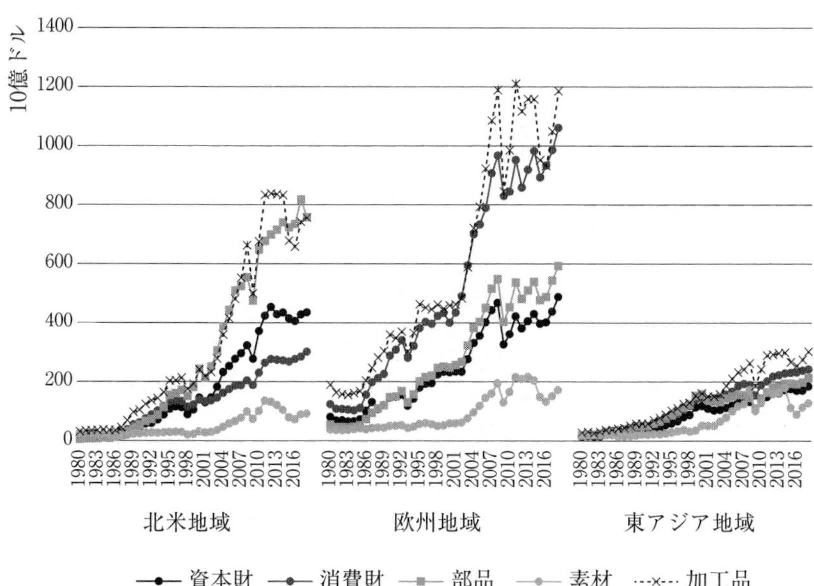

図11-1　各地域における輸出品目別の域内向け輸出額

出所：経済産業研究所（RIETI），Trade Industry Database（TID）2018年版より作成。

資本財が取引され，最終製品が組み立てられて輸出される高度な分業体制が構築されている。そしてさらに完成品は，アジアだけでなく，北米や欧州をはじめとして，全世界へと供給されている。国境を越えた付加価値連鎖を研究する分野は，グローバル・バリュー・チェーン（Global Value Chains, GVCs）論と呼ばれ，近年，進展が著しい。

GVCs論の研究者である猪俣哲史は，東アジアの生産ネットワークを「アメリカを大口顧客とし，中国を出荷口とするグローバルな生産システム」と表現する。そして，その中身を，（1）中国以外の東アジア諸国が高付加価値の中間財を生産し，（2）中国で最終製品に組み立て，（3）消費市場としての欧米諸国へ輸出する，という三角構造の分業体制をもつ，と整理している（猪俣 2019）。同時に近年では，欧米以外に，アジア域内の消費が拡大していることを考えると，域内需要の重要性も高まっていることを付言できるだろう。

（3） 工程間分業

かつて，国際分業といえば，産業間分業が想定されていた。例えば，アメリカは機械製造，日本はアパレル製造といった具合いで，国ごとに特定産業の製造を担うという分業体制であった。しかし中間財輸出が意味するのは，産業間分業ではなく，同一産業の中で，工程間で分業が進んでいることである。工程間分業（フラグメンテーション）の拡大である（木村 2003）。

例えばある国の中で，なおかつ一つの会社で，研究開発，製造工程，販売機能が完結している場合を考えてみよう（図11-2の自国本社完結型）。最終製品の出荷時のコストは，研究開発と製造コストを考えればよく，各工程間の調整も自社内での情報のやり取りで完了する。ここで一部工程を社外，なおかつ国外の生産拠点に外注することを考えてみよう。ある製品を作る工程が，国境を越えて分業される場合には，製造工程を部分的な生産ブロックに分割することになる（図11-2のフラグメンテーション型）。

工程の分割の結果，個別の工程をつなげる必要があり，サービスリンクと呼ばれる（SL）。このサービスリンクにはコストがつきものである。外部の生産拠点との情報的な調整コストだけでなく，中間財を輸送するのにかかる時間や関税コストも含まれる。国境を越えた工程間分業が広がるためには，このサービスリンクコストが十分に低下しなければならないのである。

仮に，サービスリンクコストが高い状況を考えてみよう。国境を越え

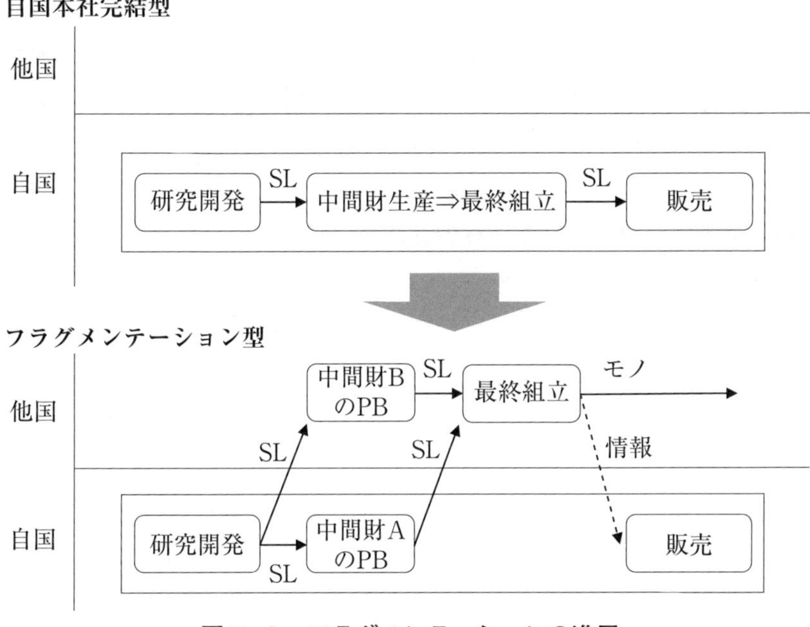

図11-2　フラグメンテーションの進展

（注）　SLはサービスリンクを，PBは生産ブロックを指す。
出所：木村（2003），安藤・アーント・木村（2008）を参考に筆者作成。

た通信費が高く，また輸送にも時間的なコストや高い輸送費がかかることを想定する。この状況では，仮に国外の拠点で想定される生産コストが低い（例えば低い労賃ゆえに）としても，自国の大工場内で生産ブロックを完結させたほうが，全体としては低コストという状況が生まれうる。一方で，他国での生産コストが十分に低い状況で，なおかつ情報通信網の発達（電話，FAX，電子メールなど）と，郵送インフラおよび貿易協定の締結によって，サービスリンクコストが低下した場合には，生産の調整がはじまる。国外に自社工場を立ち上げたり，国外の企業に生産を外注したほうが，全体として低コストになるのである（猪保 2019)。日本の場合，高度成長期以降，まずは国内で地方に工場が移転し，その後国外に生産拠点が移っていったことが知られており，結果として東京をはじめとした大都市には研究開発と販売の本社機能が残ることとなった（関 1991；Fujita and Tabuchi 1997)。

（4） 地域貿易協定と相互依存の深まり

関税の引き下げや，外国企業による投資ルールの透明化といった制度設計は，サービスリンクコストの低下を通じて国境を越えた取引を促進する重要な役割を果たす。

アジアにおいて，二国間のFTAや，多国間の地域貿易協定が締結されてきたことは，まさにサービスリンクコストの低下につながった。当初は民間企業の貿易や投資が先行し，国境を越えた経済活動が活発になる状況が観察され，このことは「事実上の統合（De-facto integration)」と呼ばれた。しかし徐々に，貿易・投資ルールの整備が進み，「制度的な統合（De jure integration)」へと展開してきたのである（詳しくは第12章参照)。アジア諸国間には，発展水準（要素賦存）に大きな差があることから，一般的な貿易だけでなく，生産活動の細分化と国境を越えた分業が深まることによるメリットが大きかったといえる。

こうした経済統合には政治学的な含意がある。アジア諸国が相互依存を深める状況は「戦略的なカップリング」(strategic coupling）と呼ばれている（Yeung 2016)。

2．GVCs 論とアジア企業の役割

（1） スマイルカーブとその可視化

本節では，企業戦略の観点から，こうした国際分業を考えてみることにしよう。

ある企業がある製造品の業界に携わっているとして，いずれかの工程に特化することを考えよう。ここでは生産プロセスを一つの流れに想定し，①川上に位置する研究開発工程，②川中に位置する製造工程，そして③川下に位置する販売とアフターサービス，以上の３つに分けてみる。この時に，それぞれの工程で求められる知識・ノウハウ，人材，設備は大きく異なるだろう。それに伴って，各工程を担う業者が手にする利益率も異なる。一つのアイデアとして，図11-３のスマイルカーブがある。台湾のパソコン機器メーカーのエイサー創業者スタン・シー（施振栄）氏が1993年頃に提唱したとされるモデルで，川上と川下の利益率が比較的高く，川中が低いというモデルである。

重要な指摘は，この曲線の形状は，ある業界や関連技術の進展によって，変わりうるということである。国際経済学者のリチャード・ボールドウィンは，グローバリゼーションの進展によって，スマイルカーブの

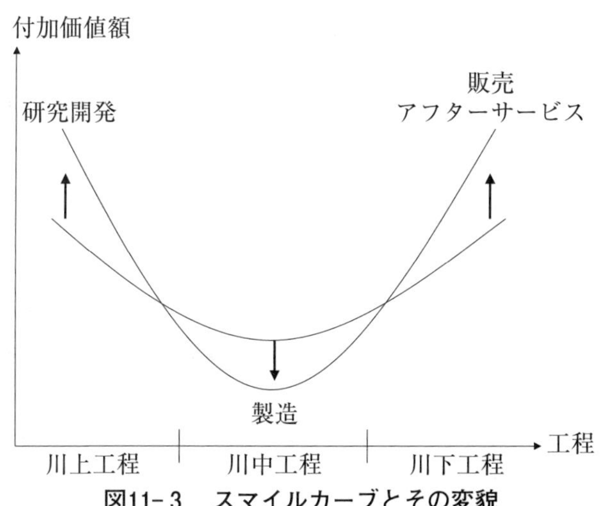

図11-３　スマイルカーブとその変貌

出所：ボールドウィン（2018）図46を参考に筆者作成。

形状が，より谷が深いものへと変貌を遂げたという指摘をしている（ボールドウィン 2018，191-199頁）。

例えば，2000年代を想定すれば，中国や東南アジアの製造拠点に大規模な工場が数多く建設され，低コストでの製造が可能となった。川中業界は，アジア企業の大挙参入によって競争が激化し，これにより川中の利益率は大きく低下した。一方で，技術革新の進展によって川上工程における研究開発の難易度は高まり，利益率は上昇しうる。また川下では，顧客へのブランディング，マーケティングの重要性が高まり，顧客を囲い込んだ企業の利益率は大きく高まった。ボールドウィンはアップル社の事例に触れながら，このように説明している。近年では国際機関の共同研究によってGVCsの研究は目覚ましく進展しており，データに基づいてスマイルカーブを可視化する試みも進んでいる（Dollar et al. eds. 2019；Xing et al. eds. 2021）。

（2） 付加価値の取り合いの中のアジア企業

電子機器やアパレルの業界から，上記の状況は確認できる。電子機器業界では，かつての日本企業は全工程を自社内で完結する垂直統合型のモデルを採用していたとされる。しかし国際分業が一般化し，また製造工程の中でも特定部品に機能を完結して担わせるモジュール化が進むことで，ますます生産の分業が容易となった。これにより，電子機器業界で考えれば，川上の半導体の開発を担う米国企業（インテル社等）や，川上と川下に経営資源を特化させるアップル社といった企業の利益率が高くなってきた。アパレル業界でも，日本のユニクロ社や米国のギャップ社のように，デザインとブランディングに注力し，製造面では協力工場に委託するモデルが広がってきた。

iPhone 3Gの事例（表11-1）では，製品小売価格500ドルのうち，最大の取り分は流通マージン等で64％を占めている。このすべてをアップル社が受け取っているわけではないが，それでも開発と在庫のリスクを負うことで，最大の取り分を得ている。製造工程では，フラッシュメモリーやディスプレイといった重要部品が最も単価が高い。この製品の場合には，組立加工費用は6.5ドル，全体の1.3％しか占めていない。

表11-1　iPhone 3G の部品・流通マージン単価表

製造業者	部品	部品単価（US ドル）	各国付加価値シェア
東芝（日本）	フラッシュメモリー	24.00	12.12%（日本）
	ディスプレイ・モジュール	19.25	
	タッチスクリーン	16.00	
村田製作所（日本）	FEM	1.35	
インフィニオン・テクノロジーズ（ドイツ）	ベースバンド	13.00	6.03%（ドイツ）
	カメラ・モジュール	9.55	
	RF トランシーバー	2.80	
	GPS 受信機	2.25	
	パワーIC RF 機器	1.25	
ダイアログ・セミコンダク	パワーIC アプリ・プロセッサー	1.30	
サムスン電子（韓国）	アプリケーション・プロセッサー	14.46	4.59%（韓国）
	SDRAM-モバイル DDR	8.50	
ブロードコム（米国）	ブルートゥース/FM/WLAN	5.95	2.15%（アメリカ，部品）
ニューモニクス（米国）	メモリ MCP	3.65	
シーラス・ロジック（米国）	オーディオ・コーデック	1.15	
その他		48.00	9.60%
部品総費用		172.46	
組立加工費用（中国）	–	6.50	1.3%（中国）
製造費用		178.96	
流通マージン等	–	321.04	64.21%（アメリカ，その他）
製品小売価格	–	500.00	100.00%

出所：猪俣（2019）。

アップル製品には「カリフォルニアで設計，中国で組み立て（Designed in California, Assembled in China)」と表記されてきたことはよく知られている。こうした国際分業を前提とした企業戦略は，逆にいえば，川中の製造工程を集中的に担うアジア企業が存在していることを意味している。電子機器業界では，生産工程を担う専門業者として，電子機器受託製造サービス（Electronics Manufacturing Service, EMS）が広がり，台湾の鴻海精密工業グループをはじめとした巨大企業を形成している。

重要な論点は，付加価値の取り合い，役割が固定的なものではないことである。後発企業も，成功裏に自らの立ち位置（ポジション）を変化させたり，あるいは付加価値額を引き上げたりすることができるのだろうか。２つの事例を取り上げて検討してみよう。

韓国経済の研究者である吉岡英美は，韓国半導体産業の代表的企業であるサムスン電子の発展を検討している（吉岡 2010)。同社は2008年時点で韓国の製造業企業の売上総額の5.8%，そして工業製品輸出総額の14.9%を占めるほど，一国経済に貢献している。その発展は先進国企業に追いつく（キャッチアップ）段階と，製品開発で先行する（追い越す）段階に分けられる。先端技術が含まれる機械設備を積極的に導入することでキャッチアップを実現したうえで，先行企業を追い越すためには製造装置の開発にも着手する必要がある。そして自社内での部署間の技術知識の緊密な共有といった組織能力を構築し，そして先駆的基礎技術への投資を行うことで，1990年代末から半導体メモリ市場では国際標準を主導する立場になったことを指摘している。

もう一つ興味深い事例は，台湾である。台湾経済の研究者である川上桃子はノートパソコン産業の事例を研究している（川上 2012)。それによれば1993年以降に米国のインテル社がパソコンの構成部品の中で，最も価値の高いCPUを開発して外販しはじめたことによって，業界構造が激変した。新しい分業構造の中で，台湾の組み立てメーカーは，川下で販売を行うブランドメーカーから製造を請け負い，中国大陸に巨大な組み立て工場を建設することでコスト優位性を発揮しはじめた。加えて多数の顧客（ブランドメーカー）に加えて，インテルと台湾企業の間での直接の技術情報のやり取りを活発化させることで，顧客への価値ある提案を行う情報発信の主体へと成長していった。

これらアジア企業の成長の裏側には，日本の半導体メーカー，電子製品メーカーの国際競争力の喪失があったわけである。一方，自動車産業では，日本企業は長期にわたり国際競争力を維持している。この背景には，部品間の綿密なすり合わせが必要な自動車の開発と製造においては，日本企業の組織能力を発揮しやすかったという指摘がある（藤本 2003）。近年では電気自動車化が進むことで，自動車自体が，機械的な製造物から急速に電子機器産業化し，電子製品分野と同様に日本企業が競争力を失うことも懸念される。

このように，新興国・途上国の企業でも，戦略的な優位性を作り上げ，徐々に高付加価値の領域へと自らの事業範囲を移行させていくことができる。ただし，そういった企業を輩出できる国・地域は限られていることも事実である。第６章で触れた「中所得国の罠」に陥らないように，積極的な産業政策が立案・実行されている。また，日本のように一時的にある業界で国際的な競争力を発揮しても，産業構造の転換によって競争力を失うこともある。この意味で，GVCs の中でどのように戦略に位置取りを決定していくかは，企業と業界の死命を決することにつながる。

3. 新たな潮流と回顧

（1） 地政学とデカップリング

2010年代末以降，東アジアに形成されてきた高度な国際分業体制を揺るがす自体が発生した。米中対立と新型コロナ危機はいずれも国境を越えた分業の再編につながりつつあり，特に米中の戦略的な競争は「デカップリング」と呼ばれる相互依存の再分断をもたらす，という議論も登場した。

米中対立が東アジア生産ネットワークに与えた影響としては，ひとまず次の２点を考えることができる。第一は，トランプ政権による関税引き上げが，東アジアの生産と貿易に与えた影響である。これは比較的短期の問題である。そして第二は，米中対立の結果，各国がより国内での国産化を重視したり，機微技術の移転を管理することによって，東アジア生産ネットワークがどのように質的に変貌するのか，という論点である。こちらはより中長期的で，構造的な転換となりつつある。

第一の論点については，中国から米国への輸出関税が引き上げられた結果，中国以外から米国への同類製品の輸出が伸びることが考えられる。いわゆる貿易置き換え効果である。中国から米国への輸出ができない場合，代替的に考えられる生産地は，アジアでは台湾や東南アジアのベトナム，そして北米ではメキシコが想定され，これらの国々は対中関税の引き上げによって「漁夫の利を得る」とも噂された。

第二の構造転換について指摘できることは，新興技術・機微技術領域での管理・監督の強化であろう。中間財，設備，人（開発者）を含めて，米国だけでなく，中国も国外への移転について制限・管理・監督を強化しつつある。例えば，米国政府はトランプ政権期以降，半導体の設計・製造，人工知能技術，バイオ技術をはじめとして，重要技術領域では中国企業や中国大陸との取引を制限する動きを強化している。また中国側も，米国側の処置に倣う形で対抗処置を発動している。

米中対立のハイテク分野における競争の中で，一つの焦点となったのが台湾の半導体産業の位置付けである。台湾積体電路製造股份有限公司

（TSMC）による製造と同社の地政学的な重要性である（川上 2020）。TSMCは半導体製造を請け負うファウンドリーとして，特に先端的半導体の製造で高い競争力をもっている。半導体では配線の幅が急速に微細化しており，線幅10ナノメートル以下の半導体製造を競う時代に入り，ごく少数の企業のみが製造できる状況となっている。

それでは米中対立のもとで，域内の各国が自国内での国産化を推奨し，支援していった場合，どのような国際経済秩序になるのだろうか。国際関係，特に外交・安全保障問題の研究者であるアーロン・フリードバーグは，米中対立を前提として，グローバリゼーションの行き着くところとして，①脱グローバル化，②再グローバル化，③中国的な特徴のある覇権，④地域ブロック化，⑤価値に基づく地域ブロック化，という5つの可能性を指摘している（Friedberg 2022）。

本書で繰り返し強調してきたように，東アジア地域の経済的な繁栄は対外開放に根差して実現してきた。東アジア諸国間の深い相互依存関係を前提に考えると，米中の完全な分断を意味するハードなデカップリング（フリードバーグのいう脱グローバル化）は現実的ではない。特定の企業，部品，技術，そしてデータ，資金，人材の流動に対しての規制が強化されつつも，総量としては大規模な貿易と資金の流れが持続する，いわばソフト（あるいはマイルド）なデカップリング（フリードバーグのいう再グローバル化）が進むと考えるほうが現実的であろう。

（2） 近世の「アジア間貿易」との関係

第1章でも紹介した杉原薫の議論に代表されるように，アジアでは近世以来，域内貿易が活発に行われてきた。現代におけるアジア域内貿易の隆盛は，歴史的な視座からどのような示唆が得られるだろうか。

まず考えられるのは，近世と現代との間の普遍性である。そもそもの地理的な近接性と，気候条件・農産物の多様性に鑑みて，アジア域内で貿易が活発に行われるのは至極当然のことであろう。同時に，両者の異質性も明らかである。現代の貿易が量的に桁違いであることは明らかである。現代のアジアでは，スーパーマーケットをみればわかるように，日々の生活の中で他国から輸入された商品を消費している。また企業の取引関係においても，国境を越えた取引，特に工程間分業は拡大している。グローバリゼーションの起源は近世あるいはそれ以前に遡ることができるが，その深さと日常性において現代は異なる段階に入っている。冒頭で紹介した「アジア化するアジア」の議論は，ある種，近世のアジア間貿易への「回帰」を思わせるが，杉原のいうように，アジア間交易は欧米の植民地支配に埋め込まれていた。また，アジア化するアジアにおいても消費財のすべてがアジアに向かっているわけではない。アジア域内での取引が活発化することを，より歴史的な視野から考えてみることも有意義だろう。

12 地域秩序の再編

高木佑輔

《学習のポイント》

・経済学と政治学のそれぞれの分野でどのように地域概念が論じられてきたのかを理解する
・地域統合の２つの形として，地域化（デファクト）と地域主義（デジュール）の２つを理解する
・新興アジア地域の経済統合の展開について，複数の枠組みと，それを推進する主体の存在を理解する

《キーワード》 グローバリゼーション，国際化，地域，地域化と地域主義，地政学／地経学，地域統合（デファクトとデジュール），ASEAN

1．地域とは何か

世界の政治や経済を考える時，グローバリゼーションは，地球（グローブ）を一つの舞台とし，多国籍企業，市民社会やテロリストまでが活動する空間である。他方，国際社会とは，国民国家の存在を前提にしつつ，国際機関を含む空間である。グローバリゼーションは地球そのもの，国際社会はその上に引かれた国境線を前提としている違いはあるものの，これらはいずれも地球全体を視野に入れている（カッツェンスタイン 2012)。

一方，地域とは何らかの指標や関心に基づいて地球を分割する発想である。学問分野の違いを反映し，経済学と政治学は地域についても異なる見方をしている。

（1） 経済学と地域

経済学は地域や空間を比較的軽視してきたといわれることが多い。しかし2000年代以降には，空間経済学を中心として，明示的に地理的な広がりに注意を払ってきた。空間経済学でとくに注目されるのは，経済活動が特定の地域に集中する現象であり，集積や都市化と呼ばれる。またグローバリゼーションについては，まさに国際経済学の主要課題である。直接投資の受け入れは受け入れ国にどのような影響を与えるのか，そして関税の撤廃や経済連携協定の発効がいかなる効果をもつのか，といった論点が盛んに研究されてきた。

地域について，古典的には，新古典派経済学のアルフレッド・マーシャル（1842-1924）がその著書の中で，特定地域への特定産業の集積の形成に着目していた。日本語でいえば地場産業や産地が，なぜ形成されるか，という分析である。産地とは異なり，より多様な経済活動が集中する都市の形成についても研究が蓄積されてきた。シンプルな考え方としては，都市ではメリットとデメリットが生じ，デメリットがメリットの効果を打ち消し切ったところで，その都市の拡大がとまるという説明がある。メリットとして考えられるのは，人や企業が集まることによって，ノウハウが共有されたり，ものを作るための原料（中間財）をより安価に調達できるようになる，という効果である（正の外部経済性）。一方で，デメリットとして考えられるのは，都市の混雑によって生じる負の効果である（負の外部経済性）。

国境を越えた広域経済圏の形成については，とくに輸送コストと取引費用が低下することで，生産者はより多くの消費者に財を提供できるようになる。各地が相対的に得意な分野に特化して，成果物を交換することで全体として豊かになっていくという国際貿易論の古典的なテーゼも，広域経済圏に視点を当てたものといえるだろう。

新興アジアを理解するうえでは，製造業に特化した地域が生まれるという現象と，多様な経済活動が集中する摩天楼が生まれるという都市化，そして広域経済圏の形成はいずれも重要な視点を提供する。

(2) 政治学と地域

政治学が地域を扱うのは，国内の地方政治に関する研究，国際関係論の下位分野であり，リベラル制度論と親和性の高い地域主義の研究と，リアリズムを基礎とする地政学の分野である。本章では，主に国際関係論の分野における地域の扱いについて整理する。

地域主義は，「地域に基づいた国家間グループの形成」である（フォーセット 1999，13頁）。地域主義の歴史を概観した代表的な論文において，フォーセットは，地域主義は，国際社会という認識が地球規模で広がった第二次世界大戦以降の発想であると論じている。特に，西ヨーロッパ諸国における地域主義の制度化の経験，冷戦の終焉，世界経済における4つの中核地域（西欧，北米，アジアと環太平洋）への収れん，そして第三世界主義の解体の結果，1990年代以降に新たな地域主義の時代が訪れたとする（フォーセット 1999）。

地域主義に注目する研究者は，経済的相互依存を重視してきた（ハレル 1999）。相互依存論では，民間企業，特に多国籍企業による国境を越えた貿易，投資と技術移転の役割に注目する。政治体制を問わず多くの政治指導者が経済成長を重視する結果，各国政府は政治的自律性を犠牲にしても，経済的な規制の統一や規制緩和を追求する。国際的な経済活動は，各国政府が多国籍企業を呼び込むための競争を生み出すと考える（ハレル 1999）。

地域主義論者が相互依存による結び付きを強調するのに対し，地政学，あるいは地経学という分野では，特定国が何らかの戦略を立てる条件としての地理を重視する。地政学では，国益を守り，促進するための戦略立案に強い関心があることから，国家の存在が前提となる。第13章で詳述するように，米中対立の結果，多くの政策当事者たちが，経済的な結び付きを安全保障上のリスクとして捉えるようになり，地政学や地経学に注目している。

本書が重視するのは，産業集積，生産ネットワークやグローバル・バリュー・チェーンにより互いに深く結び付きながら成長を続ける地域としてのアジア（相互依存を志向するアジア）であると同時に，米中対立の激化もあり，地政学と地経学の焦点となりつつあるアジア（自律を志向するアジア）である。新興アジアの地域秩序は，各国間の競争を縦糸としつつ，依存と自律という相矛盾する方向を目指す勢力間のせめぎあいという横糸も視野に入れることで立体的に浮かび上がる。以下ではまず，地域が生み出される過程に注目し，地域統合の２つの形を整理する。

2．地域統合の２つの形

（1） 地域化―事実上の地域統合

第二次世界大戦後の地域主義は，開かれた地域主義として特徴付けられてきた。第二次世界大戦以前の地域主義は，宗主国と植民地を前提とする閉じた地域主義，あるいは帝国主義であった。第二次世界大戦後の世界秩序構想を担った政策当事者たちは，世界恐慌に端を発する閉じた地域主義の蔓延が，地域間の緊張を高め，世界大戦にいたったということへの反省から，地域主義よりも国際協調，多国間協調を強調し，国際連合やブレトンウッズ体制を重視してきた。米国議会の反対により実現しなかった国際貿易機構（ITO）構想も，閉じた地域主義に対する反省に立脚しており，1995年には，世界貿易機構（WTO）が発足した。

しかしながら，ヨーロッパの経済統合を嚆矢（こうし）として，世界各地で地域経済を志向する動きが顕在化した。その際，かつてのブロック経済の再来ではないとして開かれた地域主義という理念が重視されることになった。実際，西ヨーロッパも東アジアも，地域内の経済統合が進む一方，米国市場や米国企業との関係強化は継続した。

ただし，新興アジアの地域秩序形成においては，地域主義のように政治エリート間で共有された理念よりも，経済アクターが求める実利が重要であった。東アジアと西ヨーロッパの地域統合を比較したピーター・カッツェンスタインと白石隆は，東アジアは，政治的な意思よりも民間企業の経営判断に基づく統合が進んだ点を強調した（Katzenstein and Shiraishi 1997）。東アジアでは，政治指導者たちの政治的意思としての地域主義よりも，民間企業の経営判断に基づく地域化が進んだといえる。なお，第11章でみたように，経済学者は同じ現象を事実上の（デファクトの）地域統合と呼び，法的な（デジュールの）地域統合と区別している。

地域主義よりも地域化が重要なことは，地域化の契機を振り返るとより鮮明になる。本書第３章でみたように，日本企業が東南アジアに対外直接投資を行い，生産ネットワークを形成しはじめた大きなきっかけは1985年のプラザ合意だった。プラザ合意の主体は先進５か国の財務大臣たちであり，東アジアの代表は日本しか含まれていない。また，プラザ合意の目的は日欧米の貿易不均衡の是正であり，東アジアの地域統合は主要な争点ではなかった。それにもかかわらず，為替レートの調整の結果，日本企業は自国からの輸出品の競争力が落ち，生産工程の一部を東南アジアに移す動きが加速，結果として東アジア地域に生産ネットワークが形成された。

第３章と第13章をはじめ，本書の各所でふれたように，新興アジアの特徴は，新興国として経済成長する諸国が単独ではなく，連続的に台頭する点にある。ただし，新興アジア諸国の台頭は，各国の協力よりも競争を前提としている。主な競争は，技術や資本をいかに効率的に取り込むか，また製造した製品をできる限り高く，広範囲に輸出するかをめぐる市場経済を舞台に繰り広げられてきた。

競争原理が重要とはいえ，新興アジア地域の政府が何もしなかったわけではない。各国はマクロ経済の管理を通じた投資環境整備や経済特区の設置にみられるようなビジネス環境整備を行ってきた。地域的な包括的経済連携（RCEP）にインドが入らなかったことが示すように，地域化を実現するための政府の判断は時に政治化し，停滞や後退を経験してきた。次節では，新興アジアの地域主義の事例として，自由貿易協定の展開を整理する。

（2） 地域主義―法に基づく地域統合

地域化が先行したとはいえ，地域統合を進めようという機運が不在というわけではない。むしろ，地域化の現実を追いかけるように地域主義に基づく統合も進められた。その際のハブとなったのは東南アジア諸国連合（ASEAN）であった。ただし，ASEAN 自体の成り立ちを振り返っても，必ずしも地域主義が浮かび上がるわけではない。

ASEAN は，近隣諸国の善隣友好と国際社会における自国のプレゼンスの維持・拡大を主な目的として発足した諸国民（Nation）の連合体である。発足の節目に国内での条約の批准を求める欧州の地域統合とは異なり，ASEAN 発足は1967年の外相による共同宣言ではじまった。共同宣言の冒頭にあるように，ASEAN の目標は，地域の経済成長，社会の進歩と文化的な発展に加え，地域の平和と安定などであった。

なお，ASEAN を反共連合と特徴付ける議論があるが，これは単純に事実誤認といえる。仮に ASEAN が反共連合であれば，当時存続していた南ベトナムを含む形にすべきだったがそうはならなかった。そもそも，インドネシアは反共よりも非同盟中立主義を標榜していた。また，フィリピンやタイのような米国の同盟国にとって，ASEAN 結成は米国への過度の依存を，少なくとも象徴的に緩和する効果があり，地域協力を打ち出すことに意味があった。仮に ASEAN が反共姿勢を前面に出せば，米国の覇権主義の傀儡となり，地域共同体としての自律性に最初から疑問符が付いたであろう（山影 1991）。

ASEAN はヨーロッパ経済共同体と比較しても控えめな協力枠組みであった。ASEAN 発足の10年前に調印されたヨーロッパ経済共同体の基盤となるローマ条約の場合，すでに共通市場の設立が目標として定められていた。ローマ条約と比較すれば，ASEAN 外相の共同宣言が控えめな目標を掲げたことがより明らかになるだろう。なお，ヨーロッパ経済共同体は，1965年のブリュッセル条約を経てヨーロッパ共同体（EC），1992年のマーストリヒト条約を経てヨーロッパ連合（EU）へと発展した。

ASEAN 発足から約10年後の1976年，東南アジア友好協力条約（TAC）が成立した。その目的は，東南アジアの人々の間の平和，友好と協力の促進であり，統合を目指すものではない。より興味深いのは，この目的を達成するため，東南アジアの加盟国すべてが同意した場合，地域外の諸国／機構が条約国となることを認めている点である。ASEAN 事務局のホームページによれば，2022年８月現在で49の国と地域が条約に署名している。さらに，2022年10月には，ウクライナが条約に署名するなど，TAC の存在が，ロシアのウクライナ侵略に対する ASEAN の立場を表明する機会を提供した。

なお，ASEAN 加盟国も地域経済統合に無関心だったわけではない。端緒となったのは，1992年に表明された ASEAN 自由貿易地域

（AFTA）構想だった。ただし，1992年当時にASEANに加盟していた6か国の間で関税が撤廃されたのは2010年であり，構想の立ち上げから実現までには紆余曲折があるのが常といえる。地域経済統合の展開は3節で扱うこととし，もう一つ，紆余曲折を経て実現した構想として東アジア協力の事例を整理する。

(3) 2つの「東アジア」

アジア太平洋に関する研究から広域アジアの国際関係を研究してきた大庭は，アジア地域を重層的な地域として捉えている（大庭 2014)。アジア諸国は，アジア太平洋経済協力（APEC)，ASEANプラス3，東アジアサミット（EAS）など，様々な地域協力枠組みを重層的に積み上げてきた。本節では，特に「東アジア」の重層性に注目する。

東アジア首脳会議が設置される前，ASEAN加盟国と域外国との関係を調整する機会として期待されたのがASEANプラス3である。3とは，日本，中国と韓国という北東アジアの3か国である。

ASEANプラス3は，1997年のアジア通貨危機への対応の中で加速した地域協力の枠組みである。タイを起点とする経済危機の発生直後，本来国際金融秩序の安定を引き受けるはずの国際通貨基金（IMF）の足取りは重く，むしろインドネシアのように金融危機が政治変動と社会の不安定化につながるのを放置する結果になった。

これに対し，日本を中心に，アジア地域の協力枠組みを模索する動きが本格化した（大庭 2014)。まず，1998年には，日本政府が，当時の大蔵大臣の名前を取って新宮沢構想と呼ばれる「アジア通貨危機支援に関する新構想」を打ち出した。続いて，2000年には金融危機を避けるための二国間協定を集めてチェンマイ・イニシアティブが発足した。その後，チェンマイ・イニシアティブは多国籍化したうえ，ASEANプラス3マクロ経済リサーチオフィス（通称 AMRO）が発足し，地域のマクロ経済動向を詳細に監視する組織となった。ASEAN プラス3は，金融危機の中で発足し，危機の再発を防ぐための協力枠組みへと発展した。

アジア地域の重層性を理解するうえで興味深いのは，日本の地域構想が ASEAN プラス3に限定されることはなかった点である。むしろ，日本とオーストラリアは，常に東アジアの範囲を広く捉えようとしてきた。そもそも，日本と豪州は，アメリカを巻き込んで APEC 創設を主導した経緯がある。ASEAN プラス3発足後も，日本は日米同盟を重視する立場から，アジア諸国のみの協力枠組みよりも，「開かれた」枠組みを望み，米国，豪州とニュージーランド，そしてインドとの関係強化を望んだ。ASEAN 諸国のうち，特にシンガポールとインドネシアは，日中両国の影響力が大きくなり過ぎることに対する懸念などから，協力枠組みの拡大を望んだ。他方，ブッシュ政権のアメリカは，必ずしも参加に積極的ではなく，東アジアサミット（EAS）は，2005年12月，ASEAN プラス3（日中韓）プラス3（豪 NZ 印）の ASEAN プラス6として発足した（大庭 2014）。

2011年に ASEAN が提案した地域的な包括的経済連携（RCEP）は，広域の東アジアを具現化する枠組みとなった。参加国は，ASEAN プラス6マイナス1（インド）である。インド不参加の理由の大部分は，インドが東アジア地域に広がるバリュー・チェーンに十分に組み込まれておらず，経済連携協定に参加するメリットよりもデメリットの方を問題視したことによる。本章の議論を踏まえれば，地域化の現実がない中では地域主義を進める動機がないともいえる。

3．地域経済統合の新展開―地域主義と地政学／地経学の交錯

（1） 小国の経済戦略―TPPのはじまり

AFTAからASEAN経済共同体が発足するまで20年以上の歳月が流れたことが示す通り，地域経済統合の制度化は必ずしも順調に進んだわけではない。1990年代には，GATTがWTOに再編されるなど，よりグローバルな経済統合を目指す動きがみられたが，WTOを通じた貿易自由化の試みが挫折する中，各国は二国間やより小規模の自由貿易協定の締結をはじめた。

少数国間の自由貿易協定が積み上がることと，世界規模で自由貿易が広がることは同義ではない。自由貿易協定という言葉だけみれば，あたかも自由貿易が広がることが想定される。しかし，何を自由化するかをめぐる交渉の裏を返せば，何を自由化しないかをめぐる交渉の積み重ねでもあり，経済合理性のみならず，政治の意思も重要になる世界である。その結果，自由貿易協定には多くの例外規定があり，実際の自由貿易の範囲は協定ごとに異なる。こうした錯綜した状況を指して，経済学者の一部はスパゲッティボール効果と呼んでいる。

元来，WTOの制度化はスパゲッティボール効果を避ける方策でもあった。世界全体を包含するWTOは停滞し，FTA／EPAがスパゲッティボール効果に翻弄される中，複数国家（ミニ・ラテラルあるいはプルリ・ラテラル）の自由貿易協定の策定を目指す動きが生じた。

新興アジア地域でこの動きの先鞭をつけたのがシンガポールであった。2006年，シンガポールは，ブルネイ，ニュージーランドとチリの間での自由貿易協定であるTPP構想を立ち上げた。この4か国は，その後P4諸国と呼ばれ，TPPの拡大交渉をけん引した。2008年には米国政府

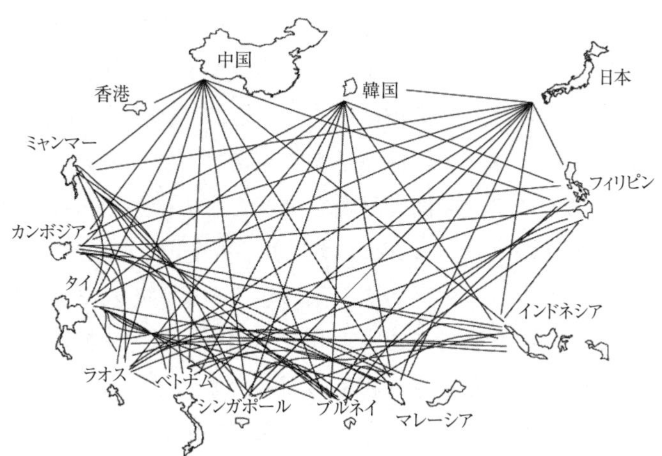

図12-1　自由貿易協定のスパゲッティボール効果の概念図
出所：Baldwin 2007, p. 5, Figure 1より抜粋。

が関心を示し，それ以降，オーストラリア，ペルー，ベトナムと参加に関心を示す諸国が増加した。2010年以降，P 4 諸国とそれ以外の国との間で改めて TPP 交渉を開始した。

（2）　中国の一帯一路

1949年に中華人民共和国が成立して以降，とくに毛沢東時代から中国はいわゆる「南」の諸国との関係構築と共産革命の「輸出」を含む影響力の行使を目指してきた。しかし当時の中国経済の規模は小さく，その実質的な影響力は限られていた。第 3 章でもふれたとおり，経済的影響力を外交的・政治的な影響力に転換させようとする取り組みが強まったのは，中国経済が世界第 2 位の経済大国化した2010年以降であった。

その表れの一つが，2013年に中国政府が始動した「一帯一路」構想である。習近平国家主席は，まず，カザフスタンで「陸のシルクロード」

構想を，次にインドネシアで「海のシルクロード」構想を提案した。前者は，中国沿岸部から中国西部を経て，中央アジア・欧州や，東南アジア・南アジアへといたる鉄道網を中心とする陸路の経済連結性を模索したものである。後者は，中国沿海部から東南アジア，南アジア，アフリカを目指す港湾インフラの開発整備を中心とする構想である。物理的な経済インフラの建設プロジェクトに対して，中国の政府と政策系銀行が積極的に資金を融資し，中国の国有系の建設企業がそれを実行するというパターンが一つの典型である。より広い論点として政策対話や国際的なルール作りをも模索した取り組みの面も含まれている。

ただし，一帯一路構想を地域主義と呼ぶかは議論が分かれる。実態としては，中国と特定国との二国間交渉を積み上げたものであり，多国間の枠組みといえるのは，2017年，2019年に中国で開催された「一帯一路」国際協力ハイレベルフォーラムの開催以上のものは存在しない。むしろ，中国を中心とする放射線上の経済協力構想という側面が強い。このような認識を踏まえ，TPP（CPTPP を含む）と一帯一路構想については米中対立に注目する第13章で改めて取り上げる。

なお，多くの東南アジア諸国は，中国に対する警戒感を根強くもっている。特に東南アジア諸国の政策当局者にとって，2010年の ASEAN 地域フォーラムで，当時の中国外務大臣であった楊潔篪が「中国は大国であり，そのほかは小国である。これは事実だ」と述べたことは記憶されている。第2章でふれた清による「小国」扱いに失望したモンクット王を思い出すまでもなく，こうした発言は東南アジア諸国の政治指導者の威信を大きく傷付けるものといえる。

（3） 米国の TPP 参加と離脱

2008年から顕在化した世界経済危機は，アメリカの対アジア政策を大きく転換させた。バラク・オバマ政権の国務長官となったヒラリー・クリントンは，2011年に『フォーリン・ポリシー』誌に寄稿，米国の対外戦略として「ピボット」を提唱した。その後，ピボットという表現では中東軽視を含意しかねないとしてリバランスという表現に替わったものの，アジア重視の姿勢に変化はなかった。

オバマ政権のリバランスは経済と安全保障の双方でアジアを重視する政策であった。経済政策の面ではTPPを重視した。オバマ大統領は，「我々が確認しなければならないのは，世界で最も急成長している地域であるアジア・太平洋の貿易のルールを書いているのは我々自身だということだ。中国にルールを書かれてしまってはならない」と明言するなど，TPP参加は対中牽制の一環として位置付けられた（キャンベル 2017, 276頁）。より具体的にオバマ政権がTPPに期待したのは，知財保護，補助金等の非関税障壁の除去，サービス貿易の障壁除去，そしてインターネットを通じた経済活動についてのルール作りなどであった。

さらに，オバマ政権は，東南アジア諸国と関係を強化し，多国間外交を重視した。2009年にTACに署名，オバマ政権のASEAN重視を印象付けた。2010年には，クリントン国務長官がASEAN地域フォーラム（ARF）に出席し，南シナ海の紛争の平和的解決にはアメリカの国益がかかっていると主張した（キャンベル 2017, 377頁）。

安全保障面でも，オーストラリアへの海兵隊の巡回駐留を公表するなど，アジア太平洋地域重視の姿勢を示した。アジアの新興国との関係で重要なのは，沿海域戦闘艦2隻をシンガポールに常駐させていることだ。空母打撃群のような規模はないが，島，浅瀬や入り江などで入り組んだ南シナ海沿海域での活動，特に新興国海軍との合同演習等を目的として同戦闘艦をシンガポールに派遣したという（Silove 2016）。

2017年にドナルド・トランプ政権が発足すると，米国はTPPからの離脱を早々に表明した。2020年のジョー・バイデン政権発足後もTPPへの復帰のめどは立っていない。バイデン政権は，インド太平洋経済枠組み（IPEF）を打ち上げ，アジアの新興国の多くも参加を表明したもののTPP復帰こそアジア諸国がアメリカに期待するものであり，米国の存在感の低下は否めない。一方，トランプ政権とバイデン政権はいずれも安全保障面での米軍の関与を低下させることはなく，この点では新興国の関心にこたえているともいえる。

（4） 日本のCPTPP

米国がTPP不参加を表明した後，日本をはじめ参加を表明した諸国は，TPPを見捨てることなく，CPTPPを策定した。なぜ日本はCPTPPの議論をけん引したのだろうか。国際政治学者の片田さおりは，日本のCPTPPへの参加の背景に，日本の政府・企業関係の変化を指摘している（片田 2022）。高度経済成長を実現した当時，日本の対外経済政策は，自国の産業保護や産業発展を目的とする産業政策を重視した。産業政策の策定にあたっては，当時の通産省が主導する各種の審議会が利害調整の場となっていた。政府と民間をつなぐ審議会こそ，第5章でふれた「埋め込まれた自律性」の象徴であった。

しかしながら，日米貿易摩擦や1980年代以降の円高を契機として日本企業の対外進出が本格化（日本企業の多国籍化）すると，従来型の埋め込み構造は解体した。多国籍企業化した日本企業が日本政府に期待するのは，特定産業の保護ではなく，ルールに基づく国際経済秩序の促進であった。実際，2000年代に入ると日本政府は積極的に経済連携協定を結んできた。CPTPPは，日本政府と企業の変化の結果だったといえる。

なお，片田はこうした政府・企業関係の変化を，埋め込まれた資本主義の逆転現象として，脱埋め込みと呼んでいる。しかしながら，日本企業の多国籍化と経済連携協定の推進が同時に進行するのであれば，脱埋め込みというよりも，日本の政府企業関係がグローバル経済の中に改めて埋め込まれた（再埋め込み）とみることも可能であろう。第11章でふれたフリードバーグのいう再グローバル化の事例ともいえる。

（5） グローバルサウス論の正体

米中対立やロシアのウクライナ侵攻の中で，グローバルサウスに注目する議論が散見される。国際秩序を考える際，20世紀の大国だけではすまなくなっていることを反映している。ウクライナ侵攻を受け，一時は存在意義さえ疑われたG7やNATOの重要性が再評価された。他方，ウクライナ侵攻を非難する国連決議を少なくない新興国が棄権した事実は，国際世論の多様性を反映するものといえる。特に，QUAD（第13章で詳述）の一角を占めるインドがロシアに対する経済制裁に加わらず，むしろロシア産石油や天然ガスの購入を増やしたことなどは，グローバルサウスを無視して国際秩序を論じることの限界を示したといえる。

しかしながら，グローバルサウス論については，20世紀半ばの非同盟中立運動や21世紀初頭のBRICSへの注目と同様の問題を無視できない。つまり，グローバルサウスは複数国をまとめた概念であり，一つの政府や一つの企業が代表するものではない。その結果，「グローバルサウスを無視できない」という言説は成り立つものの，それではグローバルサウスを代表する立場や意見は何かというとはっきりしない。

グローバルサウスの台頭を支えたのは，本書が明らかにしてきたような新興国としての経済成長であり，それは各国政府，個別企業や人々の努力の結果である。今後の国際秩序を理解するためには，大国を中心とした理解の限界を踏まえ，各自が国際社会理解の解像度を上げていく必要がある。

13 米中対立の中のアジア

高木佑輔・伊藤亜聖

《学習のポイント》

・新興国の台頭が国際秩序にもたらす影響について，ツキディデスの罠を手がかりに理解する
・米中対立の起源と展開を理解し，それに対する各国・地域の対応としての大戦略を理解する
・米中対立の経済的側面について，エコノミック・ステイトクラフトや経済安全保障という概念を手がかりに理解する

《キーワード》 覇権，ツキディデスの罠，国家資本主義，異質論，デカップリング，経済安全保障，QUAD

1. 米中対立と「アジアの世紀」の終わり？

2017年１月の米国トランプ政権誕生以後に激化した米中対立により，新興アジアは地政学的争いの最前線となりつつある。東シナ海，台湾海峡，そして南シナ海を筆頭に，軍事的な衝突を懸念する声もある。経済活動についても，国を跨いだサプライチェーンや金融の相互接続性を断絶あるいは管理すべきとの議論，いわゆるデカップリング論が登場し，経済安全保障をめぐる議論に関心が高まった。

シンガポールのリー・シェンロン首相は，「危機に瀕するアジアの世紀」と題する2020年６月の寄稿で，過去30年にわたる戦後アジアの繁栄の大前提が，平和的な国際環境，そして緊密な国際貿易と投資にあったことを指摘している（Lee 2020)。リー首相の懸念は，米中間の相対的

な国力の差が急速に縮まってきたこと，そのことにより，両国間の緊張関係が高まってきたことを踏まえている。

国際関係論の研究者であるグレアム・アリソンは，新興国の経済力と技術力の向上に着目している（アリソン 2017，31頁）。加えて，軍事力の面では，近年では空と海での緊張も高まっており，米国の艦船に対する威嚇や，中国人民解放軍によるミサイル軍の設立，そして対艦ミサイル発射実験が注目される。

さらに，中国共産党がナショナリズムに自身の正統性の根拠を見い出している点も重要である。習近平政権は，「中国の夢」の起源を清朝初期の時代に見い出している（アリソン 2017，168頁）。いわゆる「恥辱の100年」史観も，清朝以来の歴史の継続性を強調するがゆえに成立する。ただし，清朝は漢民族の王朝ではない。また，共産党の立場を考えれば，そもそも王朝の歴史を肯定すること自体が自己矛盾といえる。それにもかかわらず，清朝以来の中国史を重視する点で，習近平政権は共産主義よりも国民主義を重視する政権となったといえる。

2．ツキディデスの罠と大戦略

（1） ツキディデスの罠

冷戦終了後の米国の対中政策は，関与とヘッジが基本であった（アリソン 2017，294頁）。特に，国務省と財務省は，中国のWTO加盟（2001年）に象徴されるように，国際社会が中国に関与することで，中国社会が徐々に変化していくことを期待していた。他方，国防総省や情報機関は，中国の軍事的台頭を認識し，リスクをヘッジするための米軍の軍事力の維持や，日本，韓国やインド等との関係強化を行ってきた。

2010年代以降，こうした，関与とヘッジ戦略の限界が強く認識されはじめた。その背景としては，2008年ごろを境に，中国国内の認識に変化があった。後に副首相となる劉鶴は，2008年から本格化した米国発のグローバル金融危機（いわゆるリーマンショック）を契機として，中国国内では，アメリカの経済覇権に陰りが生じたこと，中国が国際社会において重要な役割を果たしうるという自信が深まったことを指摘している（アリソン 2017，162頁）。

関与とヘッジ政策に対する批判として興味深いのは，かつてのシンガポール首相リー・クアンユー（リー・シェンロンの父親）の洞察である（アリソン 2017，295頁）。リーは，中国共産党は欧米流の民主化を目指していないので，関与策に込められた期待は実現しないこと，中国は既存の国際社会の秩序の中に埋め込まれるのではなく，今のままの中国として国際社会で認められることを目指しているとみた。国際関係論では，新興国が台頭した場合，既存の秩序を許容する新興国を現状維持国家，それに挑戦する国家を修正主義国家とするが，リーの見方は中国を修正主義国家とみなしている点が重要である。

アリソンは，冷戦後の米国政府の対中政策を形作った関与とヘッジに関して，「戦略ではなく希望しかない」と手厳しく批判している。そのうえで，リーらの見方を踏まえ，新興国中国と覇権国米国との間の緊張関係を，ツキディデスの罠という印象的な表現で説明した（アリソン 2017）。アリソンによれば，覇権国と新興国は，独自のシンドロームに苛まれるという。新興国は，自国に対する自信を深め，他国からの承認を求める。一方，覇権国は，衰退の気配を感じ，恐怖に苛まれる（アリソン 2017，66頁）。アリソンらは，世界の歴史を振り返り，世界中から16の事例をツキディデスの罠として取り上げ，分析した。その結果，戦争にいたったのが12例，戦争にいたらなかったものが４例あるとした。

ツキディデスの罠を単純化して図式化したものが図13-１である。横軸に新興国のキャッチアップ水準（覇権国の水準を１としたときのパー

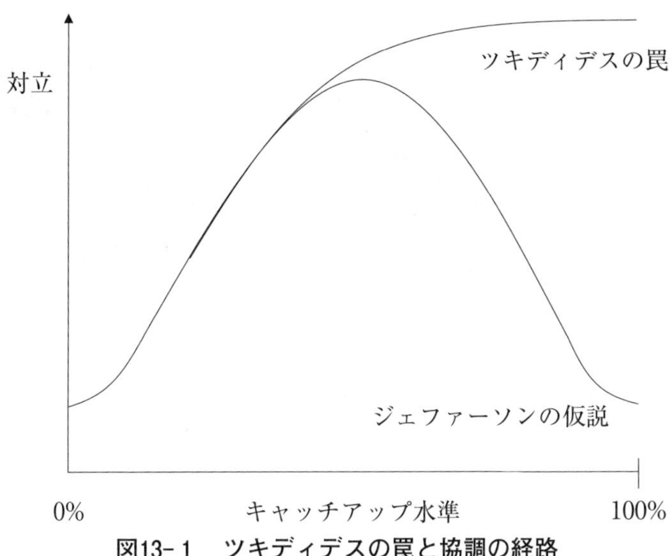

図13-1　ツキディデスの罠と協調の経路

出所：アリソン（2017），Jefferson（2021）を参考に筆者ら作図。

セント），縦軸に覇権国と新興国の対立の程度をとったものである。アリソンの見立ては悲観的であり，新興国のキャッチアップ水準の向上は，緊張の高まりに直結する。一方で，中国経済研究者のガリー・ジェファーソンは，技術的キャッチアップが一定程度高まると対立は激化するものの，やがて，封じ込め政策のコストが大きくなりすぎて，協調路線へと転換するとの見立てを提示している。

アリソンは戦争に歯止めが利かない理由として，安全保障のジレンマと同盟の限界を指摘する。安全保障のジレンマとは，ある国が軍備増強をした際，周辺国は，それが防衛目的か攻撃的なものかを知るすべがないという想定を重視する。そのため，防衛のための軍備増強ですら，周辺国に疑心暗鬼を生じさせ，結果として周辺国の軍備増強を助長する。防衛を意図した軍備増強が安全保障環境を悪化させる状況を，安全保障のジレンマと呼ぶ。

アリソンの議論で興味深いのは同盟の限界，さらには悪影響を明確に指摘している点である。同盟は，一国のみでは対応できない脅威に対抗するため，他国と結び，抑止力を高めることが目的となる。一方，同盟の問題点に関しては，2つの恐怖が強調されてきた。一つには，巻き込まれの恐怖がある。強力な同盟国にとって，弱小な同盟国が紛争に直面した場合，強力な同盟国にとっては重要ではない問題であったとしても，同盟の信頼度を維持するため，介入せざるを得ない。巻き込まれることへの恐怖は同盟に付きまとう。他方，弱小国の立場からすれば，実際に脅威が具現化した際，同盟が実際に機能するのかどうかという恐怖に苛まれる。こうした見捨てられに対する恐怖に対処するため，同盟関係にある国同士は，互いに同盟を重視していることを示すことが重要になる。同盟が機能を発揮するためには，条約を結ぶだけではなく，集団的自衛権を行使するための制度，防衛装備の相互運用性や信頼度の維持が常に問題になる。

ツキディデスの罠について，あたかも戦争は必然であるかのような誤解がある。ただし，『米中衝突前夜』という同書の邦題だけではなく，中身を読めばわかるようにアリソンは罠を回避した事例にも触れている。本書の行論との関係で印象深いのは，戦争回避の第一の事例は，本書第1章で触れたポルトガルの退潮である。バスコ・ダ・ガマの粗暴な振る舞いをみれば，暴力がすべてを決するかのように思われるが，ポルトガルの覇権は，覇権戦争なしに終わりを迎えた。

ポルトガルの覇権が終わった大きな理由は，航海王子と呼ばれたエンリケの死去後のイノベーション投資の減少や造船や地図を含む航海術の流出により，ポルトガルの力の相対的な優位が失われたことにある。ポルトガルとスペインとの覇権争いが顕在化する中，両国は，上位の権威としてのローマ教皇に仲裁を依頼し，新世界の分割を行い，正面戦争を避けた（アリソン 2017，253-254頁）。米中対立でローマ教皇に何かを期待する向きはほとんどないものの，二国間交渉にまかせず，第三者の役割を評価することが，ここでの教訓となる。

ツキディデスの罠を避けるため，アリソンは，必ずしも明確な対処方針を示していないが，４つの重要な課題を指摘している（表13-１）。

１は，自国の状況を理解し，守るべき利益を明確にすることだが，難しいのは，行動に優先順位を付けることだろう。アリソンは，フィリピンを守ることがアメリカの守るべき利益になるかは懐疑的だが，核ミサイルを積んだ中国の原子力潜水艦が南シナ海を拠点にし，フィリピンの北のバシー海峡を通って西太平洋を自由に航行するとしたら，フィリピンを見捨てたままでよいのかどうか，再考が必要になるだろう。また，４番目の課題も重要で，それだけで議論の時間が尽きてしまうかもしれない。ただし，国内政治上の課題を無視して外交・安全保障政策を練ることの限界を示す警告として理解しておくべきだろう。

表13-１　米中戦争を避けるための中核的課題

	中核的課題	具体例
1	重大な利益を明確にする	核戦争を避けるため，フィリピンの防衛を犠牲にする
2	中国の行動の意図を理解する	中国と西洋の文明的な価値観の違いから目をそらさない
3	戦略を練る	政治的資本と知的洞察力をもった政策当事者を重用する
4	国内課題を中心に据える	アメリカの民主主義や中国の統治機構の機能不全に対応する

出所：アリソン（2017），313-320頁。

アメリカの利益と国内政治上の課題に取り組むだけでは足りず，中国の意図について明確に理解すべきだという。内政上の課題を含むアメリカの利益と中国に対する正しい認識をもったうえで，戦略を練る必要があると主張する。戦略は必要ないという指摘には批判的で，策定までに４年の歳月を要した冷戦初期の米国の対応を参照しつつ，戦略の重要性を指摘している（アリソン 2017，288頁）。次節では，大戦略（グランドストラテジー）研究について解説する。

（２） 大戦略とは何か

バイデン政権の国家安全保障局中国局長となったラッシュ・ドシは，中国の大戦略を詳細に分析した（Doshi 2021）。ドシはまず，大戦略を軍事戦略や大きな目標をもつ政策とは区別すべきとする。そのうえで，大戦略を，主権，安全や領土の一体性のような目標を実現するための意図的で，調整され，実施される多様な手段についての国政上の理論であると定義している。多様な手段には，軍事的，経済的かつ政治的なものが含まれる（Doshi 2021，p. 16）。

ただし，ほとんどの国は「大戦略」という名前の文書を公表しているわけではない。大戦略とは，研究者が特定国を考察する際の認識枠組みである。実際に，大戦略を分析するためには，①目標や概念を整理した文書，②手段を実現するための能力，そして③国家の実際の行動の３つを考慮に入れる必要がある。換言すれば，文書だけでは不十分である一方，概念化できないような行動だけでも大戦略があるとはいえず，概念を記した文書，能力を示す制度と現実の行動の３つをみることで，ある国の大戦略が浮かび上がる。

アメリカの大戦略の典型例である冷戦期の封じ込めについて，大戦略研究の第一人者といえるハル・ブランズは興味深い考察を行っている。

ブランズによれば，大戦略立案の黄金期ともいえるハリー・トルーマン政権ですら，ベルリン危機などの突発的な出来事への対応を積み上げながら，徐々に対応を練り上げた。ブランズがドワイト・アイゼンハワー大統領を引用していうように，「計画は何者でもないが，計画することはすべてである」(Brands 2014)。

中国の大戦略については，権威主義政権独特の資料入手の困難さもあり，実証的な研究が困難であるが，前述のドシの分析がよくまとまっている。ドシは，中国共産党を，様々な国内の利害集団から相対的に自立し，各政府機関の関係を調整して大戦略を策定する仕組みと捉えている。ドシの理解は，共産主義のイデオロギーよりも，国民主義に基づく政治指導者の組織として，さらに，レーニン主義に基づく上意下達の意思決定組織として，共産党を捉える点に特徴がある。

そのうえで，冷戦後の中国の大戦略の歴史的な展開を，拒絶，建設と拡大という 3 つの段階に分けて整理している（Doshi 2021)。

- 拒絶とは，アメリカの影響力を文字通り拒絶することである。
- 建設とは，自らの影響圏を作り上げる戦略である。この過程では，圧力，交渉，あるいは正統性に基づく他国との関係構築が模索される。ドシは，中国は2008年以降にこの大戦略に移行したという。
- 拡大局面では，作り上げた影響圏の拡大が模索される。ドシは，2016年以降の中国の大戦略は拡大局面に移行したとみる。

さらに，大戦略の実施にあたって，まずは地域で実践し，徐々に世界規模に展開することが想定されている。

(3)　ミドルパワー諸国のインド太平洋戦略

米中以外の諸国の大戦略の事例として，ミドルパワー諸国のインド太平洋戦略を考えたい。日本におけるミドルパワー研究の第一人者といえる添谷芳秀は，大国とミドルパワーの違いとして，一国で軍事力に基づく外交を展開する意思の有無に注目し，その意思のない国をミドルパワーとしている（添谷 2017）。現代の国際関係において，核兵器の果たす特殊な役割を考えれば，核兵器をもたず，軍事力に基づく外交を志向しないオーストラリアやカナダがミドルパワーの代表例とされる。添谷の一連の研究に明らかなように，日本をミドルパワーとみなすことは十分に可能であろう。また，新興アジア諸国のうち，独自の外交政策を積極的に志向するインドやインドネシアをミドルパワーとみなすこともできる。実際，両国の外交官や政府当局者は，しばしば自国をミドルパワーとみなしている。

米中対立が顕著になる中，日本，豪州やインドとの協力関係が強化されてきた。安倍晋三首相（当時）は，2007年のインド国会での演説で，太平洋とインド洋という２つの海の交わりを強調し，その後の日本のインド太平洋戦略の起点を作った。2016年，安倍首相は，ケニヤで開催されたアフリカ開発会議（TICAD）の場で，自由で開かれたインド太平洋という考え方を表明した。その後，自由で開かれたインド太平洋構想（通称 FOIP）は，法の支配という価値の共有，連結性を強化する経済協力，そして海洋安全保障を軸とする安全保障協力を３本柱とする日本外交の大戦略となった（竹中 2022）。

米中対立が進む中，ミドルパワーの協力に米国を巻き込んだ４か国協力が発展してきた。日本，アメリカ，オーストラリアとインドは，2004年のスマトラ沖大地震及びインド洋津波被害の支援に対するコアグループを結成し，協力関係を構築した。その後，対中牽制色が強まることを懸念したオーストラリアの消極姿勢などもあり，４か国協力の機運は一時削がれた。しかしながら，第８章４節で取り上げた中国によるオーストラリアに対する影響力工作が露見するなどしてオーストラリアで中国に対する警戒感が強まっていた2010年代後半以降，オーストラリアの姿勢にも変化がみられるようになった（佐竹 2022a）。

4か国協力は，QUADと通称されるようになっていった。2017年には，国連総会をきっかけにニューヨークに滞在していた4か国の外務大臣が会合を開催し，自由で開かれたインド太平洋を推進すること，海洋安全保障，質の高いインフラや連結性の分野で協力を進めること，そしてASEAN中心性に対する支持などの点に合意した（なお，連結性の分野での協力とは，インフラ開発や経済連携などを通じて地域の一体性を高める協力を指す）。その後，2021年には初の首脳会談を実施し，自由で開かれたインド太平洋の実現，新型コロナ感染症対策での協力や様々な経済協力を進めていくことに合意した。また，ASEANが2019年に取りまとめた「ASEANインド太平洋アウトルック」（通称AOIP）などに対する支持も併せて表明された。

QUADは対中軍事同盟ではなく，公式声明で中国を名指しで批判することはない（そもそも外交文書で特定国を名指しで批判すること自体が例外的）。しかしながら，QUADが法の支配の重要性を強調すれば，東シナ海や南シナ海，さらには中印国境で現状変更を繰り返す中国と対立することは自明であろう。また，外相会談と首脳会談のいずれにおいても，ASEANの取り組みに言及があるのが興味深い。QUAD諸国にとっても，ASEAN諸国を無視したインド太平洋地域での協力を考えることは現実的ではないという認識がある。

他方，AOIPの成立過程をみると，QUADによってASEANの重要性が相対的に低下することに対する懸念が見て取れる。AOIP策定を主導したのは，しばしばASEANの事実上の盟主とされるインドネシアであった（鈴木 2021）。インドネシアは，米国政府のインド太平洋戦略の対中牽制色の強さを懸念し，代案としてのAOIPを提唱した。その際，ASEAN が主導し，米中を含む枠組みである EAS を，AOIP を議論する場として活用することを提唱した。インドネシアの AOIP 構想をめぐる外交は，地域外交における自国の地位を維持するための主体的なミドルパワー外交といえるだろう。

ミドルパワー論や大戦略論が脚光を浴びる背景には，新興国の台頭という国際政治構造の変容がある。大国のみが国際秩序を左右するのであれば，大国以外に大戦略など不要ともいえる。こうした見方に立てば，親米か親中かという皮相な選択肢が政策論に置き換わりかねない。しかしながら，新興国は自国の独立，平和と繁栄が政策目標であり，特定国との関係強化はその手段の一部に過ぎない。新興国の大戦略分析はいまだに多くないものの，今後の国際政治分析に必須の視角となるだろう。

3. 安全保障と経済政策の交錯─貿易摩擦と貿易戦争

（1） 蘇る「異質論」とその多面性

アリソンは，ツキディデスの罠を避けるための要点として，中国の意図を正確に理解することの重要性を強調している（アリソン 2017，314頁）。この点で興味深いのは，新興国の台頭を前にした際に，覇権国側に生じる広範な心理的な焦りや，思い込みの存在である。1980年代末を頂点として生じた日米貿易摩擦では，第5章でふれたチャルマーズ・ジョンソンを含む米国のリビジョニストと呼ばれる論者たちが日本異質論という形で日本の貿易・産業政策を厳しく糾弾した。しかし，米国の雑誌で組まれる特集記事には，日本人の文化的な組織性を強調したり，通商産業省の役割を過度に強調したり，アメリカの正確な対日認識をゆがめるものが多かった。

国際政治学者の高坂正堯は，約100年前の新興国・ドイツの台頭の時期のイギリスにおけるイギリスとフランスの議論を参照しつつ，次のように印象的に述べている。

> 「異質論は，先発国が後発国の挑戦の重大性に気が付きはじめるときに現れる。それはいくつかの段階を経て積み重ねられる認識の複合物である。まず初めには，自分たちのかつての優越した立場が脅かされつつあるという認識がくる。そのときの人間の最初の反応は，当然ながら，軽視または蔑視である。（中略）次に，ルールを破っているという認識，すなわち『不公正競争』のためであるという考え方が現れる。（中略）第三の段階として，自分たちのものとは異なるもので，しかも強力なシステムの登場を認識させられることになる。そのとき異質論が現れる。（中略）
>
> しかもなお，以上の認識の積み重ねだけでは異質論にならない。というのは，新しい強力なシステムが登場したのであれば，それを模倣し，あるいはその長所を取り入れればよいからである。問題はそうしえないこと，あるいはそうしたくないという気持ちの存在にある」（高坂 1999，707-708頁，初出1990）

このように異質論とは単なる技術水準や発展水準の話だけではなく，新興国のシステムや発展形態に対する認識を伴う。図13-1に立ち戻れば，そこではキャッチアップ水準のみが対立に影響を与える変数（この場合は横軸）と設定されていたが，例えば，政治体制といった軸を追加して考えることもできる。振り返ってみれば，安全保障条約に基づく同盟国同士であることに加え，日本と米国の政治体制は，普通選挙に基づく政治体制という広い意味において共通点があった。

それに対して，目下の米中貿易戦争や米中戦略的競争は，国内政治体制やそれぞれが望ましいと考える国際秩序の面で乖離が大きいといわざるをえない。日米摩擦が同盟国間の「小さな異質性」がもたらした摩擦だったとするならば，米中摩擦は「大きな異質性」がもたらしつつある対立だといえる。

しかし新興国の側の立場に立って，あえて議論を展開するとすれば，「異質だからこそキャッチアップできる」という主張もありえる。この可能性はすでに第3章で取り上げたガーシェンクロンの「後発の優位性」の議論と関わる。ガーシェンクロンによれば，後発国はキャッチアップの速度が速いだけでなく，金融部門を動員するといった面で発展形態も異なる。当該の時代の技術的，金融的な条件を前提に，新興国の発展にとって最適な政治経済的体制が，覇権国側からは異質だと認識される可能性は常にあるだろう。中国共産党が中国の独自性を強調する「中国の特色ある社会主義」に固執するのは，共産党体制の擁護と維持に加えて，平凡な発展モデルに成り下がっては覇権国を追い越すことは不可能だ，と判断している節もある。

いずれにしても，米中対立の激化の背後には，図13-1で示したキャッチアップ水準に加えて，覇権国側の焦りや，政治体制や国際秩序観をめぐる「大きな異質性」に対する執着がある。そうした感情のようなものが対立を煽り，また現実理解をゆがめる可能性について常に自戒しておく必要がある。

(2) 相互依存の「武器化」―エコノミック・ステイトクラフト

本書第11章のグローバル・バリュー・チェーンは，各国経済が，様々なモノやサービスの製造や消費の過程で結び付いていることが前提である。国際政治学者は，こうした状況を国際的な相互依存という言葉で理解してきた。世界政治における相互依存とは，国家間あるいは異なる国家に属する行為者の間で，相互にインパクトを与える状況を指す。相互依存の議論は，国際政治経済学という国際関係論の下位分野を生み出すほどのインパクトがあった。この分野の主要な研究者であるロバート・コヘインが脆弱性に触れているとおり，相互依存には脅威につながる部分もあるが，その後の研究の大半は，相互依存が脅威を低下させるという仮説を中心に展開してきた。つまり相互依存が深まる中では，軍事的行使の可能性が低下すると説明した。

こうした状況に対し，経済的な相互依存と安全保障上の脅威とのつながりを意識した研究テーマとしてエコノミック・ステイトクラフトがある（鈴木 2022)。エコノミック・ステイトクラフトとは，経済的な手段を用いて，国家の外交・安全保障上の目的を達成しようとする政府の政策及び行動である。本書のテーマとの関連では，中国のレアアースの対日禁輸などの事例がある。ただし，石油の禁輸により，第四次中東戦争を止めようとしたアラブ諸国の事例にみられるように，エコノミック・ステイトクラフト自体は必ずしも中国の専売特許ではない。

エコノミック・ステイトクラフトの手段と目標について，鈴木一人の整理が参考になる（鈴木 2022)。まず，手段としては経済制裁が代表的である。制裁については，国連憲章に基づき，国連安全保障理事会が決定する国連制裁，地域機構などが行う多国間制裁，そして，各国の国内法による単独制裁に分けられる。また，制裁対象については，一国全体の経済活動を対象にすることの人道性が問題になり，政治指導者など特定の個人を対象とするターゲット制裁に力点が移りつつある。

その他，国内法に基づく輸出管理や特段の法には明示されない通商の停止などの措置がある。さらに，援助についても，援助の見返りとして援助受け入れ国側の行動変容を促す場合，エコノミック・ステイトクラフトの一種とみなすことも可能であるという。

エコノミック・ステイトクラフトが機能しやすい条件としては，その対象国の経済に脆弱性があるかどうかが問題になる。例えば，その国の経済が貿易に大きく依存していること，特定の物資の輸入や輸出市場として，エコノミック・ステイトクラフトを仕掛けようとする国に依存している場合などが挙げられる。一方，自国での物資の開発や第三国からの調達，さらに国内市場や第三国市場向けの経済活動などに代替することができれば，対象国は脆弱性を克服し，エコノミック・ステイトクラフトは失敗する。

エコノミック・ステイトクラフトと開かれた国際通商秩序との関係は複雑である。一つの事例としては，2010年に尖閣諸島沖で中国人漁師が逮捕された際，中国がレアアースの対日輸出を一方的に停止した件がある。この措置については，2012年にWTO違反の認定がなされた。ただし，アメリカの反対でWTO上級委員会に空席が生じているため，エコノミック・ステイトクラフトに関する国際法に基づく判断は事実上停止している。

米中対立が激化する中，日本政府は経済安全保障を重視し，2022年に関連法案が成立した。エコノミック・ステイトクラフトと経済安保との違いについて，鈴木は，前者をより積極的（攻撃的）な政策，後者を防御的な政策として区分している。実際，日本政府の経済安保関連法案の目標は，戦略的自立性を確保して国家の独立と繁栄を確保することとされており，特定国の行動変容を迫るような政策とはいいがたい。

（3） エコノミック・ステイトクラフトの限界

上記と異なるエコノミック・ステイトクラフトの分類方法として，褒賞か懲罰かに注目する分類もある。中国の経済成長に伴い，中国人観光客は世界中の観光産業において存在感をもっている。松本は，中国政府が観光業を使ったエコノミック・ステイトクラフトを，褒賞と懲罰の2

つの側面に注目して分析した（松本 2022）。

中国共産党は，2005年に台湾の国民党との間で一定の和解（国共和解）を実現し，それ以降，台湾における中国の好感度を高めるべく恵台政策を実施した。この政策は，「両岸経済協力枠組み協定（ECFA）」に象徴されるような中台間の経済関係強化の機運とも重なり，中台関係は緊密の度合いを増したかにみえた。しかしながら，台湾側には中国との関係強化に対する懸念も大きく，2014年には「ひまわり運動」と呼ばれる広範な抗議行動が組織化され，2016年総選挙での国民党敗北につながった。台湾における中国の好感度を上げるエコノミック・ステイトクラフトとしての恵台政策は失敗し，むしろ中国に対してより厳しい姿勢をとる民進党政権の発足にいたった。松本によれば，中国の政策が失敗した大きな要因は，中国側が，透明性を欠いた関係構築を急いだ点にある。

恵台政策の失敗は，大きな経済力をもってしても，容易には政治目標が達成されないことを示している。エコノミック・ステイトクラフトの議論は，相互依存の武器化という表現もあり，経済的な手段による目標の実現の側面に注目が集まる。しかしながら，相互依存を前提としている限り，一方の当事者のみが常に意思を貫徹するわけではない。また，すでに圧倒的な大国となった中国ですら，台湾に対する工作に失敗した事例から，米中対立の下，小国が行動する余地が残されていることを示している。米中対立の時代であっても，大国のみならず中小国の戦略に注目する必要がある。

14 人新世とアジア

伊藤亜聖

《学習のポイント》
・「アジアの世紀」説と，その前提の動揺を理解する
・人新世論と東アジア型発展経路論を学ぶ
《キーワード》 「アジアの世紀」，人新世，国連気候変動枠組み条約，資源・エネルギー節約型発展経路

1．揺らぐ「アジアの世紀」

（1） 「アジアの世紀」の前提条件

2011年にアジア開発銀行のハリンダー・コーリらが執筆した報告書*Asia 2050*には「アジアの世紀を実現する」（Realizing the Asian Century）という力強い副題が付けられていた（Kohli et al. 2011）。同報告書はアジアが2050年までに世界経済の52％を占めるまで成長するシナリオを示し，「アジアの世紀シナリオ」と呼んだ。このシナリオは，アジアの新興国の成長潜在力が存分に発揮された際の青写真を描いたものといえる。楽観シナリオと呼んでもよい。

同報告書では同時にもう一つのシナリオも示されていた。もう一つのシナリオは「中所得国の罠シナリオ」である。中所得国の罠については，すでに第6章で取り上げたとおり，中所得国段階に到達して以降に，経済成長を維持することが困難となる，という経験則から作り出された用語である。このシナリオでは，アジア地域全体が「罠」にはまり，経済

成長率が鈍化してしまった場合，2050年時点でも世界経済の31％に留まる，と推計した（第６章 図６－３参照）。悲観シナリオと呼んでもよい。アジア諸国が中所得国化することで，成長を持続できず，人々の生活の質が向上せずに停滞してしまうリスク，これが報告書刊行当時の主要な懸念だったのである。

コーリらが提示した「アジアの世紀シナリオ」（楽観シナリオ）には，実は３つの基本的な前提があった。第一の前提は，地域が平和的で秩序立った構造変化を遂げるというものである。第二の前提は，開かれたグローバル貿易システムと安定的なグローバル金融システムが維持されることである。そして第三の前提は，気候変動に対する効果的でグローバルな行動が取られることである（Kohli et al. 2011, pp.43–45）。刊行当時，これらの項目を深刻に懸念する立場は少数派だったといえるだろう。

しかし2020年代に改めてこれら「アジアの世紀」の前提３項目を検討してみると，３つがいずれも揺らいでいることに気付く。上記の３つの前提それぞれについて，アジア経済は米中対立，コロナ危機，そして気候変動の深刻化に直面してきたからである。

第一に地域秩序の面では，米国トランプ政権誕生以後に激化した米中対立により，アジアは地政学的争いの最前線となりつつある（第12章も参照）。シンガポールのリー・シェンロン首相は，「危機に瀕するアジアの世紀」と題する2020年６月の寄稿で，現在のアジア地域が直面する根本問題は，米中両国がそれぞれに対立を選択するのか，共存を選択するのかにかかっている，と問う（Lee 2020）。共存を選択しない場合，アジア地域の成長と繁栄を基礎付けてきた平和的環境は根底から揺らぐことになる。特に，台湾海峡と南シナ海で軍事的な緊張が高まっていることは，近隣国，そしてアジア経済全体にとっても重大な懸念事項である。

第二に，貿易金融秩序に目を向けてみると，開かれた貿易秩序は揺らぎつつある。一つには新型コロナウイルスの世界的流行によって緊急対応として輸出規制が広がった（World Bank 2020）。加えて米中対立によって，米中間の関税が引き上げられたのみならず，安全保障的観点から特定企業を対象とした輸出品目の規制（エンティティリスト規制）や，自国の新興技術分野への投資規制がはじまった。ヒト，モノ，カネの行き来と連結性を前提としてきた「アジア化するアジア」はいま十字路に差し掛かっている。アジア経済の成長を支えてきた連結性のリスク面が強調され，連結を管理・分断すべきというデカップリング論も台頭した。

第三に，気候変動への対応でも足並みが乱れた。米国トランプ政権は2017年に気候変動への国際的な取り組みを決めたパリ協定からの離脱を表明した。バイデン政権になった直後に復帰したものの，気候変動問題への国際協調の面で，経済大国が後ろ向きの姿勢をみせるという大きな影響を与えた。2015年９月に国連総会で採択された持続可能な開発目標（Sustainable Development Goals）でも，経済，社会，そしてそれらの活動を基礎付ける要因が重視された。17の目標のうち「経済成長」が含まれるのは一つに過ぎず，エネルギー，気候変動，海洋資源，森林資源等，自然環境問題に関わる目標が重視されている（蟹江 2020）。しかしながら，後述するように，国際的な足並みはそろっているとはいえない。

このように「アジアの世紀」シナリオが依拠していた３つの前提は，2010年代の後半以降に大きく揺らいでいる。

（２） 東アジアの発展と環境問題

アジアにおける環境負荷の観点からみると，経済成長を軸に据えた「アジアの世紀」論は近視眼的で，楽観的にみえてしまう。これらの指標や観点に基づけば，産業革命から19世紀までの変化よりも，明らかに20世紀半ば以降の変化が著しい。そして戦後，とりわけ1970年代以降に急成長を遂げてきたアジア地域は，これらの指標の上昇をもたらしてきた一因といわざるを得ない。

こうした経済発展と環境負荷の関係については，環境クズネッツ曲線と呼ばれる仮説がある。それは経済発展の初期の段階では，環境負荷が高くなる一方，ある段階でピークアウトし，高所得国化すると環境負荷が低下するという見立てである。この仮説に基づけば，環境負荷が高くなるのは時限的な問題ということになる。

それではデータからみて，東アジア諸国が直面する大気汚染や二酸化炭素の排出量はどの程度であろうか。図14-1には横軸に国ごとの一人当たり GDP を，縦軸にそれぞれの環境指標をとったものである。仮に環境クズネッツ曲線が，ある時点で成り立っていれば，逆U字型の形状となるはずである。

大気汚染の面では，経済発展が進むほど大気汚染の水準が低下する，おおむね右肩下がりの傾向が確認できる。また東アジア諸国とその他の国々の分布の違いをみると，東アジアでは相対的に低い近似線となっており，平均的には大気汚染の観点では低い暴露量となっている。一方で二酸化炭素の排出量では，若干の逆U字型をしているが，おおむね右肩上がりとなっている。これは高所得国化しても，二酸化炭素排出量がそう簡単に減少しないことを意味している。また，アジアとその他の国々の違いに目を向けてみると，世界の平均的な傾向線と大きな相違はなく，経済発展にともなって，排出量が増大していることがわかる。環境クズネッツ曲線は測定する指標によって結果が異なるが，経済発展が直接的には環境負荷の低減につながる保証はない。

経済成長基調が続くアジアでは，エネルギー効率を高めたとしても，中長期的にエネルギー消費総量を削減することは容易ではない。経済成長を維持しながら，なおかつ環境への悪影響を抑制するという「デカッ

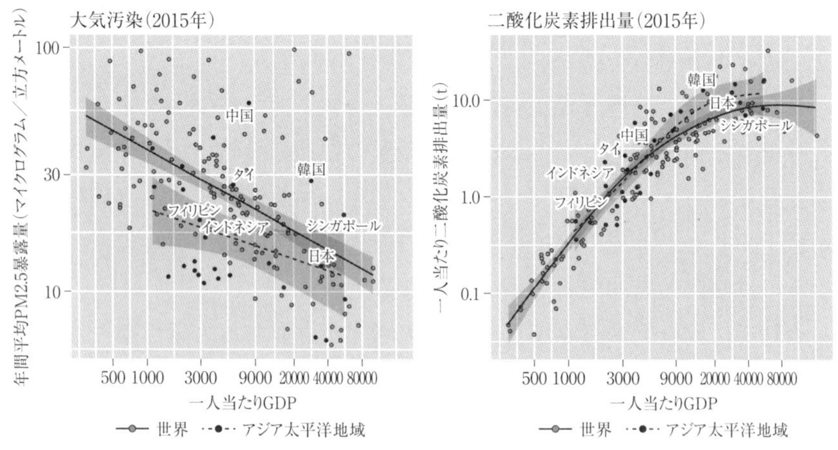

図14-1　環境問題と経済発展

出所：世界銀行・世界開発指標より作成。

プリング」を実現するためには一層の取り組みが必要となる（アジア開発銀行 2021，424-426頁）。しかし新興国では，貧困削減を筆頭とする課題がより優先順位が高く位置付けられることが多い。

2．人新世と新興国の台頭

（1）「人新世」論の問いかけ

アジアが一層の経済的繁栄を実現するという「アジアの世紀」シナリオを，超長期の視点から問い直すことも求められている。

2000年代以降，特に2010年代に自然科学分野を起点として，地球史・人類史を問い直す新たな視点，用語，そして概念として注目を集めてきたキーワードが「人新世（Anthropocene）」である。この概念からアジアを見直した場合，いかなる含意が得られるだろうか。

人新世とは2000年に大気化学者パウル・クルッツェンがある会議で提

唱し，以前からこの言葉を使っていた生態学者のユージーン・ストーマーと共同で提案した地質学における時代区分である。１万1700年前からはじまった完新世の次の時代（地質学における「世（epoch)」）として，人類が農業や産業革命を通じて地球規模の地質・環境に影響をもたらした時代と定義される。2021年時点で，国際地質科学連合の委員会において，正式にこの時期区分を採用すべきかが議論されている。

この用語は，それ以前から指摘されてきた２つの考え方を包括するものとして登場した（寺田，ナイルズ 2021)。第一の考え方は「大加速」仮説である。2004年にIGBP（International Geosphere-Biosphere Program，地球圏・生物圏国際協同研究プログラム）の書籍において登場した考え方である。「大加速」仮説は，1950年頃を境に，社会経済システム面と地球システム面のそれぞれ12の指標でみて，急激な変化をしていることを指摘した。

社会経済面では，人口，実質GDP，対外直接投資，都市人口，一次エネルギーの使用，化学肥料の使用，巨大ダム，水利用，製紙，交通，遠隔通信，海外旅行が指標となっている。地球システム面では，二酸化炭素，窒素酸化物，メタン，成層圏オゾン，地球の表面温度，海洋酸性化，漁獲量，エビ養殖，沿岸窒素の増加，熱帯雨林の喪失，人間による土地利用の増大，陸域生物圏の劣化の12項目が取り上げられている。図14−2には，社会経済システム面の４項目のデータを示しているが，各指標で急激な上昇が確認できる。

第二の考え方は2009年に自然科学分野の学者によって発表された「地球の限界（プラネタリー・バウンダリー)」仮説である。前述の大加速仮説は複数の指標で環境負荷が急増していることを指摘したのにとどまる。それに対して，「地球の限界」仮説は，地球が耐えられる環境負荷の限界を推計し，すでに一部の指標ではこの限界を超え，コントロール

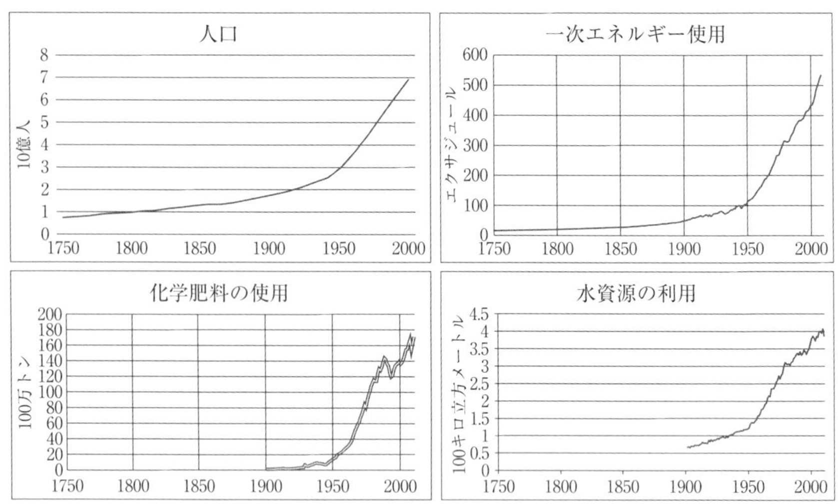

図14-2　「大加速」仮説と関連指標（一部）
出所：Steffen et al.（2015a）, IGBP（2015）.

不能となる恐れがある，と指摘した。

提唱者らは８つの領域で限界点を設定し，現状を評価している。具体的には①海洋酸性化，②気候変動，③生物多様性の喪失，④生物学的・科学的環境（窒素の循環，リンの循環），⑤土地利用の変化，⑥グローバルな淡水利用，⑦成層圏オゾン層の破壊，⑧大気汚染である。このうち気候変動，生物多様性の喪失，土地利用の変化，窒素とリンの循環の４領域では，すでに限界を超えてしまっているとの評価が示された。ステファンらが示したデータによれば，窒素とリンの循環，土地利用の変化，水資源の利用の面では，特にアジアでは深刻な状況となっている（図14-３）。

A. Phosphorus（リン）

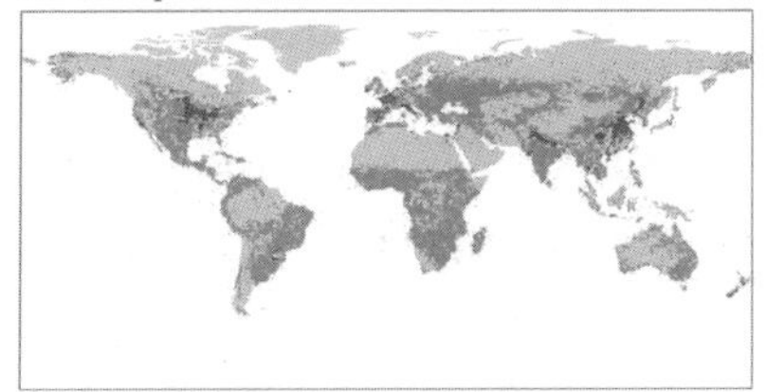

B. Nitrogen（窒素）

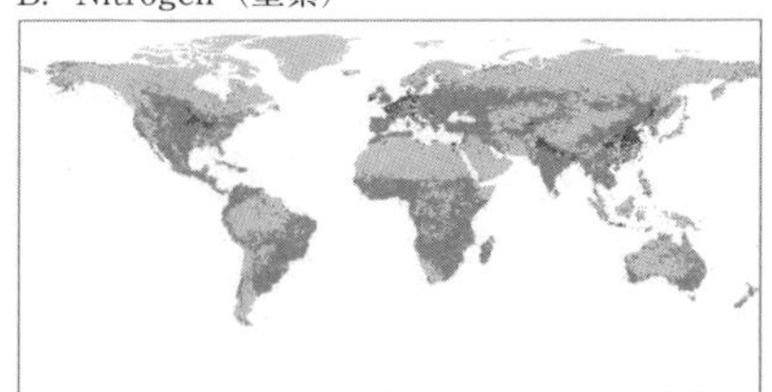

C. Land-system change（土地の変化）

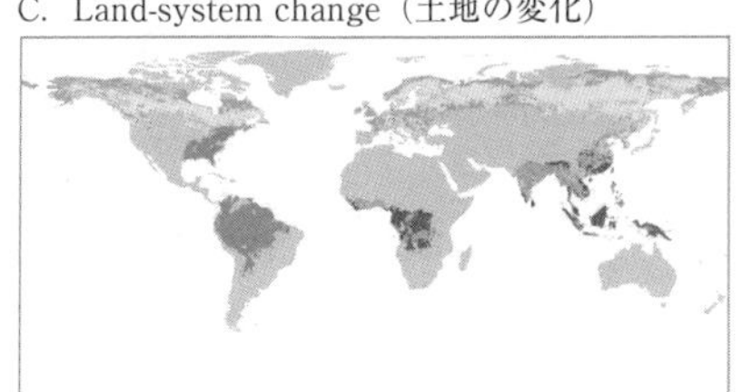

D. Freshwater use（淡水の利用）

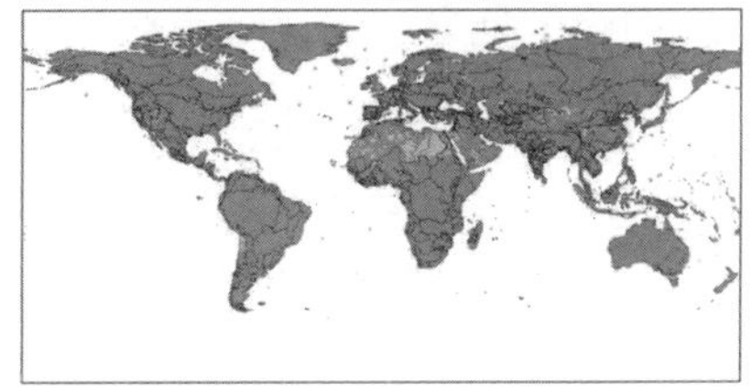

■ 不確実性の領域を超過（高リスク）　■ 不確実性の領域（リスクあり）　■ 臨界以下（安全）

図14-3　「地球の限界」説とアジア

出所：Steffen et al.（2015b）.

（2）　先進国と新興国・途上国のせめぎ合い

こうした危機感は気候変動への国際的な合意にもつながっている。2015年の国連気候変動枠組み条約第21回締約国会議（COP21）では，世界共通の長期目標として，「世界的な平均気温上昇を産業革命以前に比べて2度より十分低く保つとともに，1.5度に抑える努力を追求すること」が盛り込まれた（パリ協定）。2021年の同第26回締約国会議（COP26）の成果文書ではさらに一歩進めて，2100年時点での世界平均の気温上昇を産業革命前に比べて1.5度以内に抑えるという，より高い目標が盛り込まれた（グラスゴー気候合意）。この目標の実現のために温室効果ガスの大幅な削減が必要であり，目標から逆算すると，ベンチマークとなるのは2050年前後の削減水準となる。このため温室効果ガスの排出量から吸収量を引いた正味の排出量（ネットでの排出量）をゼロとするネットゼロ排出を，アジア各国の政府も2050年前後に実現することにコミットするようになっている。

しかし，これまで排出量への規制がない状況下で存分に経済成長を実現してきた既存の先進国が，いまになって環境規制を強化しようとする動きに対して，新興国・途上国側には根強い反発がある。このため気候変動の国際会議では，先進国が削減目標の引き上げと前倒しでの実現を重視する一方で，新興国・途上国はその目標の実現のための資金援助を求めることが通例となっている。

2022年にエジプトのシャルム・エル・シェイクで開催された第27回締約国会議（COP27）では，特に欧州連合が石炭火力・化石燃料利用の停止と削減への合意を重視した一方で，新興国・途上国側は気候変動対策のために生じた経済的損失への補填を行う「損失と損害」基金（ロス＆ダメージ基金）の設立を求め，この２つが主要議題となったが，後者のロス＆ダメージ基金のみで合意となった。グラスゴー会議が先進国側の「勝利」であったとしたら，シャルム・エル・シェイク会議は新興国・途上国側の「勝利」であった（有馬 2022）。インドのブペンドラ・ヤダブ環境・森林・気候変動相は，COP27閉会式において「損失と損害」基金創設は世界が待ち望んでいた歴史的な合意だと評価した（ジェトロ 2022a）。

こうしたせめぎ合いを理解するうえで，第３章や第12章でも触れたグローバルサウスという言葉がよく使われるようになっている。気候変動に関する各国の利害を大きく整理するうえでは，確かに新興国・途上国を総体としてグローバルサウスと呼ぶことには一定の意義がある。いうまでもなく，グローバルサウスの対極に想定されているのは，先進国の総体としてのグローバルノースである。もう一歩具体化させれば，経済協力開発機構（OECD）加盟諸国といえるかもしれない。しかし，先進国が比較的類似した経済構造，特にサービス化した経済構造に収れんしていることと対比させると，グローバルサウスと呼ばれる国々はより多種多様である。各国の産業構造や発展水準は大きく異なる。そもそも化石燃料の輸出に財政的に依存する産油国と他の新興国は全く別の経済構造といわねばならない点には注意が必要であろう。

（3） 変わる新興国政府のマインド

上記のような国際交渉の場で新興国が一般に環境基準を引き上げることに慎重なことは，かならずしも各国政府が環境対策に後ろ向きであることを意味しない。注目に値するのは，アジアの新興国は気候変動に対応した形での経済発展のモデル転換を模索していることである。

一つの事例はタイ政府が推進しはじめている，バイオ・循環型・グリーン経済モデルである。タイ政府は英語の Bio，Circulation，Green の頭文字をとって BCG 経済と呼んでいる。プラユット・チャンオチャ首相は2021年１月に BCG 経済を国家戦略に位置付けると表明している。タイはコメ，キャッサバ，サトウキビ，アブラヤシといったバイオ産業の基盤となる各種の素材が豊富にあり，こうした基盤を活用することで，コロナ危機からの回復と成長戦略を両立させようとしている。

タイ経済にとって外資企業による投資は重要な成長原動力の一つとなっており，とくに先端分野で外資企業への期待は高い。このためタイ投資委員会（Board of Investment, BOI）は，数年間の法人所得税免除をはじめとする優遇措置の対象に，農業・食品加工業，バイオマスプラスチック製造，再生可能エネルギーの生産，温室効果ガス削減といった BCG 経済の関連事業を加えた。こうした現地政府の新たな政策は，日本企業を含む外資企業に影響を与えはじめている。現地に進出している日系企業の中で脱炭素化に取り組んでいる企業に取り組みをはじめた理由を聞くと,「本社からの指示・推奨」が52.3%,そして次が「進出国・地域の規制や優遇措置」が31.8%となっている(ジェトロ 2022b)。日系のバイオ系ベンチャー企業のタイへの進出もはじまっている。

プラユット首相は,2014年に陸軍司令官であった当時に,クーデターによって政権を奪取した軍人である。軍人出身の政治家が「グリーン」な政策を打ち出しているわけだが,権威主義体制のもとで気候変動対策が進まないと事前に結論付けることはできない。あえて気候変動の観点のみに視野を絞れば,問題は効果がでるのかでないのか,である。アジア新興国の現実をみれば,第4章の図4−2でみたように,政治体制としては権威主義化する国々が少なくない。権威主義的政権の下で,気候変動政策がどのように進むのかも一つの興味深い論点といえるだろう。

3.世界史の中の「東アジアの奇跡」

より長期の世界史の観点から,アジアの経済発展の経路を評価しようとする取り組みもある。経済史家の杉原薫による『世界史のなかの東アジアの奇跡』は,東アジアで生じた工業化を,西欧との対比においてより多くの労働力を投下する労働集約的工業化であったと捉えて,以下のように述べている。

> 「本書は(中略)「東アジアの奇跡」という経済史的「事件」に焦点を当てた,第三の見方を付け加えることによって,グローバル・ヒストリーをより豊かにしようとするものである。すなわち,そもそも経済発展には西洋型発展経路と東アジア型発展経路が共存しており,その融合が「東アジアの奇跡」を生んだと考える。それは,世界システムの歴史を叙述するという観点からは,「複線経路融合説」とでも呼ぶべきものである」(杉原 2020, 11頁)

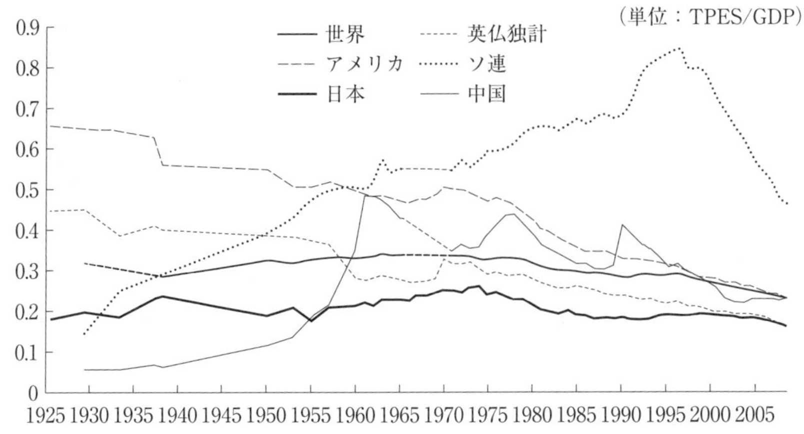

図14-4　主要国の商業エネルギー集約度（1925-2008年）

出所：杉原（2020），156頁。

そしてアジア地域の発展経路は，化石燃料への依存が低く，「東アジアの労働集約型，資源・エネルギー節約型の発展経路は，雇用吸収と省エネ技術においてはすぐれた融合の実績をもつことを示した」（杉原 2020，675頁）と位置付けた。図14-4には，主要国において，1単位当たりのGDPを生み出すのに消費された商業エネルギーを表したものである。確かにアジア地域での土壌汚染や環境汚染は厳しいものの，相対的にみれば米国をはじめとする国々との比較においては，資源節約的であった。

杉原は「東アジアの奇跡」を歴史的に位置付けるうえで，以下のように印象的に述べている。

「過去2世紀の歴史は，ヨーロッパの奇跡のより広い世界史的文脈への移し替えの歴史であり，20世紀後半の歴史は，それが南北対立，

東西対立を乗り越えて，東アジアの奇跡というかたちで定着する歴史であった」（杉原 2020, 3 頁）

つまり「東アジアの奇跡」という現象は，世界経済が先進国と途上国の分断という南北対立と，自由主義と社会主義の対立という東西対立とを乗り越えるという，世界史の十字路をなすものだったと述べる。確かに東アジア諸国の経済発展は，一つは南北対立の中で，「南」，つまり発展途上国と位置付けられてきた国々から，新興国が登場してきたことを意味する。そして政治イデオロギーの観点からみれば，東西の対立の時代が終わり，社会主義陣営の中国が積極的に市場経済化を進めるという意味で，東西対立の解消にも寄与してきた。

しかし，2010年代末以降には米中の戦略的な対立が顕在化し，そしてグローバルなレベルと一国内の両面で著しく広がる経済的不平等の問題が広がっている。「東アジアの奇跡」の一つの終着点であった中国沿海部の本格的工業化は，政治上は中国共産党体制を揺るがすことなく実現した。そして中国共産党と中国政府は，2049年に超大国としての地位を確かなものとするという「中国の夢」を目指し，米国や日本はそれを安全保障上の脅威と感じている。

南北対立と東西対立が解消したと思われた終着点から，少なくとも新たな東西対立が動き出しつつある。そして人新世論が重視するように，地球環境問題はすでに人類の生活を根底から揺るがしはじめている。いま問われている一つの問題は，米中間の戦略的競争が，地球環境問題の面での対応に悪影響を与えないためにはどのようにすればよいのか，である。米中間で，軍事技術を中心に競争が続く一方で，気候変動分野での協力が続く保証はない。特に，安価な太陽光パネルや風力発電，そして電気自動車の開発と販売において，中国企業の市場シェアは高まっている。気候変動への対策を，低コストに進めようとする限り，中国企業の製品やソリューションが重要な選択肢となっている状況がある。「東アジアの奇跡」の次の時代の問題をどのように捉えて，解決に向けて動くかがいま問われている。

また今後，人口増加が見込まれる南アジア，アフリカにおいて，経済発展の経路はどのようなものとなっていくのかも重要な課題である。それらの地域が，資源節約的な経路をとるのか，それとも資源依存型の経路をとるのだろうか。新興国のさらなる台頭を，地政学的な衝突と地球環境の代償を伴うことなく実現することは可能だろうか。この観点では，資源節約的な経路を共同で作り上げて実現することが必要になるだろう。

15　新興アジアの中の日本

白鳥潤一郎

《学習のポイント》
・歴史の歩みを踏まえながら日本とアジアの関係性の変化を学ぶ
・FOIP や TPP といった多国間枠組みや，QUAD などのミニラテラリズムが日本外交にもつ意味を理解する
・新興アジアの中で日本がどのような立場にあるかを考える

《キーワード》 列強の一員，戦後処理，経済大国，地域主義，メガ FTA，TPP（環太平洋パートナーシップ），自由で開かれたインド太平洋（FOIP），QUAD，ミニラテラリズム，国際秩序

1．アジアと日本

（1） 日本の現在地

新興アジアの中で日本はどのように位置付けられるのだろうか。

まずは，等身大の日本像を確認するのがいいだろう。経済的な指標をみれば，冷戦終結前後には圧倒的な経済力を誇っていた日本だが，「失われた20年」を経て2010年に中国に GDP（国内総生産）を抜かれ，その後も差は開き続けている。世界全体でみても，1990年代半ばの最盛期には18%程度あった GDP シェアは５%程度にまで下がった。早ければ2020年代末にもインドに抜かれるとみられている。国全体ではなく国民一人当たりではどうだろうか。名目（ドルベース）か購買力平価でみるかで若干の差はあるものの，一人当たり GDP ではシンガポールや香港に引き離され，かつての植民地である韓国や台湾とはほぼ並んでいる。

日本がアジアで唯一の「経済大国」であり，そして「先進国」であるという状況は，最早遠い過去のものと理解しなければならない。

それでも日本は世界の中で豊かな国である。GDP が世界の TOP 3 に入る状況は半世紀以上続いているし，「超大国」ではないが「中小国」でもないという意味では紛れもなく日本は「大国」である（白石 2016）。新たに得た付加価値の総額を測る GDP が低下しても，この間に得た各種の蓄積が無くなる訳ではない。平均余命や教育水準，所得等から算出される人間開発指数（HDI）でも，最上位グループに位置している。台頭する経済大国として警戒されたかつての勢いは失われて久しいが，それなりに豊かで成熟した国といった辺りが日本の現在地であるといえるだろう。

他方，米中対立が常態化する中で，日本を取り巻く国際環境は厳しさを増している。米ソ冷戦の最前線は東西に分かれたドイツにあり，一都市の中に築かれた「ベルリンの壁」はその象徴であった。第 3 節でも触れているように，米中対立と米ソ冷戦は様々な点で異なるが，その対立の最前線が台湾海峡にある点で，日本が極めて厳しい環境に置かれていることは間違いない。中国の海洋進出の本格化は，日本の防衛にとって直接の脅威ともなっている。さらに日本は，核・ミサイル開発を続ける北朝鮮及びウクライナを侵攻したロシアの隣国であり，韓国とも良好とは言い難い関係が長く続いた。

経済面ではかつての垂直的な関係から水平的な関係が常態となり，安全保障の側面では日本にとって冷戦期以上に厳しい環境に直面している。新興アジアの中で，日本はどのような道を歩んでいくことになるのだろうか。

以下では，これまでの各章で紹介された議論を踏まえつつ，歴史を振り返りながらこの問題を考えることにしよう。

(2) 列強の一員

日本はユーラシア大陸の東端に接する島国であり，地理的には明らかにアジアの一国である。しかしながら，近現代の歩みを振り返れば，国内外で日本の位置付けは問われ続けてきた。

19世紀の半ば，西洋諸国の世界進出が本格化したことで，日本は他のアジア諸国と同様に「西洋の衝撃」と向き合った。ただし，それが早い段階で中央政府の変革や近代化に繋がった点が特異であった。第1章でみたように，近代国家の形成に関するヨーロッパ中心主義的な議論は見直しが進んでいる。日本についても，近代化の萌芽が江戸期にあったことが強調されるようになって久しい。それでも，幕末以降の日本が西洋を範にしつつ，様々な改革を推し進め，非西洋諸国として例外的に早く近代国家を建設することに成功したことは事実である。日本政治外交史家の北岡伸一は，徳川幕府の崩壊から日露戦争の前後までを指して「明治維新」と捉え，高く評価する見方を提示する（北岡 2020）。

国内で様々な施策を実施する前提として，国境を画定し，周辺に安定的な国際環境を築くことの重要性は昔も今も変わらないが，その過程で日本は従来の東アジア秩序への挑戦者ともなった。焦点となったのは朝鮮半島と清（中国）であった。紆余曲折はあったが，朝鮮半島をめぐって日清戦争にいたり，その勝利の結果として日本は台湾を領有した。その後，新たな脅威として浮上したロシアとの日露戦争に勝利した後，日本は朝鮮半島への関与を深め，最終的に併合した。幕末に結ばれた不平等条約も前後して改正された。日本は，清とロシアという大国に勝利して植民地を保有する「列強の一員」となったのである。

日清・日露戦争勝利で得た対外的独立の完成は，幕末以来の目標が達成されたことを意味したが，それは自明であった課題の喪失も意味した。列強の一員と認められた日本は，第一次世界大戦後に設立された国際連盟では常任理事国となり，また国民生活は向上し，民意を背景とする政党政治も発展した。また，留学生を引き付けるなど，日本の近代化はアジアの人々に刺激を与えた。しかしながら，他の列強やアジア諸国との関係は難しい舵取りが続き，その最終的な帰結は第二次世界大戦における敗戦であった。

日露戦争は，実際には薄氷を踏むような勝利であったにも関わらず，多大な犠牲を払って得た満洲（現在の中国東北部）の権益は実態以上に扱われ，神聖視された。中国そして他の列強との関係は難しい舵取りが続くことになる。そして，中国でナショナリズムが高まると，1931年9月の満洲事変を経て傀儡国家・満洲国を建国し，33年3月には国際連盟脱退を通告する。さらに，37年7月から日中戦争の泥沼に飲み込まれ，その後も事態を打開できないままに英米両国に宣戦布告をして第二次世界大戦に参戦し，そして敗れたのである。

植民地を保有したことは，第二次世界大戦後に禍根を残した。そもそも，明治憲法は植民地の保有を想定していなかった。日本は手探りで植民地統治や権益の管理を進め，基本的に憲法発布時点における支配領域を本土（内地）とし，それ以降に得た領域を植民地（外地）として取り扱ったが，第一次世界大戦後に得た南洋諸島は委任統治領となり，さらに傀儡国家である満洲国の存在など支配の形態は様々であった。

アジアとの関係では，戦時中の経験も押さえておくべきだろう。日本における「戦争の記憶」は，第二次世界大戦の最終局面に重点が置かれる傾向がある。日本本土が空襲に晒されるようになり，学童疎開が実施され，最後は原爆が広島・長崎に投下された。確かに国内の戦争被害も甚大であったが，現在新興アジアが広がる地域の多くで日本による軍政が布かれ，そして主戦場となった。アジア諸国との「相互協力」を謳った「大東亜共栄圏」も，日本の指導的立場は自明視されていた。

(3) 非西洋諸国で唯一の経済大国

敗戦国として第二次世界大戦後の世界を歩みはじめた日本の課題は，内には敗戦からの復興であり，外には様々な「戦後処理」であった。1952年4月にサンフランシスコ平和条約が発効し，日本は主権を回復したが，これによって自動的にアジア諸国との関係が正常化したわけではない。アジア諸国にとって，日本の敗戦は帝国の崩壊であり，占領からの解放であったからである。

1940年代末にはじまった冷戦を戦ううえで，アメリカにとって日本は「ジュニア・パートナー」であった。そのため平和条約は日本にとって全体としては「寛大な講和」となったが，ソ連をはじめとする社会主義国は調印せず，アジア諸国との間には賠償交渉や請求権問題の解決という課題が残された。さらに，分断国家となっていた中国と台湾，北朝鮮と韓国は講和会議に招待されず，インドやビルマは招待に応じなかった。また，講和に際して，オーストラリアをはじめとした英連邦諸国も厳しい対日姿勢であった。アジア地域には第二次世界大戦後に独立した国も多く，二国間交渉を通じて賠償や関係正常化が進められることとなった。賠償交渉は1960年代初頭までに概ね妥結し，その後，韓国とは1965年に，中国とは1972年にそれぞれ国交が結ばれた。なお，戦後初期には様々な形で日本発のアジア地域主義構想も発案されたが，その多くがアメリカの資金を当てにした形であったこともあり，実を結ばなかった（保城2008）。

戦後処理を進めた日本は一方で，高度経済成長を経て西側陣営で第2位の国民総生産（GNP）をもつ「経済大国」となっていた。この間，日本は「先進国クラブ」とも称された経済協力開発機構（OECD）に加盟し，さらに1975年からはじまるサミット（当初はG6，翌76年からG7となる）にもアジアから唯一参加することとなった。

日本が経済大国となる時期，アジア諸国との間でも賠償は順次経済協力に切り替えられ，また賠償という形を取らなかった韓国にも巨額の経済協力が実施され，さらに中国に対しても国交正常化から期間を置いた後に同様に経済協力が実施された。

1970年代半ば頃になると，かつては戦乱と混乱に覆われていた東南アジア地域の多くでも経済的な発展がはじまり，80年代初めには中国の改革開放路線も定まった。特に，「四小龍」と呼ばれ，発展を遂げた韓国・台湾・香港・シンガポールは先進国の仲間入りを果たしつつあり，その発展は東南アジアにも波及していった。

ただし，アジア諸国の興隆がはじまりつつあったとはいえ，日本との関係性は，依然として援助国と被援助国であり，ビジネスの面でも垂直的な分業体制に留まっていた。1970年代末には，対立する東南アジア諸国の架橋を目指す「福田ドクトリン」が提示され，続く大平正芳政権では環太平洋連帯構想が打ち出されるといった動きはあったが，いずれも構想がそれなりに実を結んだのは冷戦終結前後のことであった。

2. アジアの中の日本

(1)　アジア地域の変容

1980年代末頃から，アジア地域は変容していった。第12章でもみたように，その過程で事実上の地域統合を意味する「地域化」を伴ったことに特徴があった。国際政治学者の田中明彦は，「アジアにおける地域化は，冷戦の終結，グローバル化，民主化の３つの構造的変動の流れのなかでおきている」と説明する（田中 2007)。冷戦の終結もグローバル化も民主化も全世界的な現象だが，それぞれアジア地域に関する注釈が必要だろう。

そもそもアジアにおける冷戦は，中国の存在によって複雑な様相を呈していた。中ソ対立が1960年代初頭から深刻化し，70年代初頭には米中接近によってアジア冷戦の構図は一変した。ただし，その後もインドシナ半島を中心に対立は燻り続け，中ソ対立が解消に向かった80年代末になってようやく状況が安定したともいえる。ヨーロッパとは異なり，アジアには分断国家が残されたが，それでも冷戦終結によって地域協力の深化が可能となった。

現代に繋がるグローバル化の起点となったのは，1970年代初めに主要国が変動相場制に移行したことである。金融や経済のグローバル化は，文字通り世界大の現象だが，様々な垣根が取り払われることによって地理的に近接した地域の協力可能性も高まる。1985年のプラザ合意を経て日本からアジア地域への直接投資も急増していった。

1980年代半ば頃から本格化した民主化は，国によって状況は異なる。中国やビルマ（ミャンマー）のように一時盛り上がった運動が挫折した国もあれば，フィリピン，韓国，台湾のように民主主義が定着した国もある。それでも，政治体制を共にする国が増えたことで地域における協力促進に繋がった。

（2） アジア地域主義の展開

グローバル化の進展を一つの追い風にアジア諸国が発展し，冷戦が終結することで垣根が取り除かれ，さらに民主化が一定程度進んだことで，アジア地域でも地域化を超えた「地域主義」が広がりをみせることになった。

号砲となったのは「開かれた地域主義」を掲げたAPEC（アジア太平洋経済協力）である。1989年に外相会合がはじまり，93年からは首脳会合が定例化した。APECは環太平洋連帯構想が源流の一つであり，日本が水面下で働きかけつつ，オーストラリアが提唱する形で実現したものである（船橋 1995)。「アジア」だけでなく「太平洋」が含まれることからも分かるように，発足時からアメリカ，カナダが加わっていた。

その後，アジアにおける地域主義の中核となったのはASEAN（東南アジア諸国連合）とその加盟国である。冷戦下の1967年，インドネシア，フィリピン，タイ，マレーシア，シンガポールの5か国で結成されたASEANは，イギリスから独立後の1984年にブルネイが加盟して6か国となっていた。さらに1995年にベトナム，97年にミャンマーとラオス，99年にカンボジアが加盟し，東南アジアのほぼ全域を覆う形となった。域内の協力と加盟国拡大によって力を得たASEANは，文化や宗教，政治体制等の違いもあって超国家的な統合に踏み込んだヨーロッパとは異なる緩やかな形ではあったが，独特の存在感を発揮し続けている。

その一つが信頼醸成・予防外交・紛争解決を目指す地域枠組みとして1994年からはじまったASEAN地域フォーラム（ARF）であった。アメリカ，EU（欧州連合）やロシアを含む広範な参加国を得ることに成功し，毎年の閣僚会合が定例化している。また，ASEANと日本・中国・韓国の協力枠組みとしてASEAN + 3がはじまり，1997年11月には第1回首脳会合が開催された。開催に向けた動きは1997年1月からはじまっていたが，この間にアジア金融危機が生じたことから，打撃を受けた東アジア諸国間の協力を確認する場となった。

アジア金融危機後にはG20もはじまった。1999年12月に第1回財務相・中央銀行総裁会議が開催され，日本，中国，インド，韓国，インドネシアといったアジア諸国も参加した。グローバルな協力の場でもアジアはその存在感を高めつつあったといえよう。

各種の地域主義的取り組みには日本も参加したが，実際には国内外に様々な反対の声や対立があった。

国内で深刻だったのは，外務省と通商産業省（2001年の中央省庁再編後は経済産業省）の対立である。台頭する経済大国として日本が警戒され，各国と貿易摩擦が深刻化した1970年代後半から両省はしばしば対立していたが，APEC 発足をめぐって推進派の通産省と消極的な外務省は鋭く対立し，通産省によるオーストラリアへの働きかけは外務省に隠されていた（船橋 1995）。外務省は経済問題の枠組みとして全世界的に貿易自由化を推進する普遍主義的な GATT（関税及び貿易に関する一般協定）を重視し，地域主義的な動きに反対をしていたのである。その後，GATT を継いで1995年に発足した WTO（世界貿易機関）のラウンド交渉停滞もあり，21世紀に入ると外務省の消極姿勢は徐々に変わっていくが，日本政府内で地域主義参画の推進力を担い続けたのは通産省（経産省）であった。

国外では，アメリカの日本に対する警戒が焦点の一つであった。アジア諸国の安全保障はアメリカとの同盟網に支えられており，アメリカの意向を無視して地域主義を推し進めることは困難である。日本へのアメリカの警戒心は1990年代末まで一貫しており，アメリカを外す形で日本とアジア諸国が協力する動きには反対を続けた。90年代初めにマレーシアが提唱した東アジア経済グループ（EAEG）や，アジア金融危機後に日本が提唱した AMF（アジア金融基金）など，アメリカの強い反対で実現しなかった構想は少なくない。ただし，後者については広範な通貨スワップ網（チェンマイ・イニシアティブ）が形成されるなど東アジア地域の実質的な協力は実現した。

このようにみてくると，日本とアジアの関係性の変化は明らかだろう。戦前は唯一の列強の一員として植民地を有し，戦後も非欧米諸国で唯一の経済大国であった日本は，冷戦終結後，文字通りアジアの一員として「アジアの中の日本」を模索することを迫られたのである。

（3）　新興国の本格的台頭と日本の停滞

今から振り返るとアジア金融危機の前後は世界史的にみても一つの転機であった。危機を克服した東アジア諸国はその後も発展を遂げ，新興アジアが出現した。2001年12月のWTO加盟後，外国からの直接投資ブームに乗った中国は貿易量を拡大していった。日本との関係でも，2004年に中国はアメリカを抜いて最大の貿易相手国となった。東アジアの生産ネットワークに組み込まれた中国は「世界の工場」と呼ばれ，2000年代を通じて高度経済成長を続け，2010年には日本を抜いて「世界第2位の経済大国」となった。成長したのは新興アジアの国々だけではない。21世紀初頭からの資源価格上昇等にも支えられ，資源保有国もその経済力を増していった。

これに対して，バブル崩壊後，日本の停滞は続いた。「失われた10年」はいつしか「失われた20年」と呼ばれるようになった。結果として，日本を軸とするような地域主義構想に対するアメリカの警戒も失われた。

停滞したのは日本だけではなかった。G7を構成する7か国のGNP／GDPは，1940年代末から概ね世界全体の3分の2を占め続けていた。しかし，21世紀に入るとそのシェアは低下を続け，現在では4割弱となっている。こうした傾向に拍車をかけたのが，世界金融危機とユーロ危機である。発火点がアメリカやEUであったことや，中国が比較的ダメージ少なく乗り切ったことも含めて，世界的なパワーシフトへの懸念が課題として共有されるようになった。

ただし，新たな事態への対応は必ずしも十分ではなかった。世界金融危機後には新興国を含むG20サミットもはじまり，年1回の首脳会合も定着した。G20サミットにはアジアから日本，中国，インド，インドネシア，韓国，オーストラリアが参加している。しかし，多様な利害が錯綜する中で効果的な施策を打ち出すにはいたらなかった。台頭する新興国を含んだ形のグローバル・ガバナンスの実現は，2020年代半ばにいたる現在進行形の課題といえる。

3. 競合する地域構想と日本の役割

(1) 深化する地域主義？

新興アジア諸国の興隆を背景に，グローバルな枠組みの中でアジアの存在感が高まっただけでなく，より踏み込んだ地域主義の模索も進み，日本も参画した。

背景となったのは，WTOのラウンド交渉停滞と日本の停滞である。1990年代末までの日本は，必ずしもFTA（自由貿易協定）に積極的ではなかったが，2002年のシンガポールを皮切りに，他の東南アジア諸国やメキシコ等との経済連携協定（EPA）を次々と発効していった。WTOのラウンド交渉が停滞し，日本自身も経済的な停滞が続く中で活路として見い出されたともいえるだろうか。また，この時期には「東アジア共同体」への期待も民間を中心に盛り上がった。

1990年代から2000年代末にかけて，地域主義を具体化していく際に，ASEANの中心性を認め，そこに北東アジアの国々が入る形には一定の合意があったが，各種の首脳会合や協力枠組みに参加する国の範囲がしばしば問題となった。各構想や時期によって微妙な違いはあるが，基本的な構図は北東アジアの3か国（日本，中国，韓国）に限定する中国と，さらにオーストラリア，ニュージーランド，インドを加えることを求める日本の対立である。中国は2004年にASEAN＋日中韓による東アジア自由貿易地域（EAFTA）を提案し，それに対して日本は2006年にオーストラリア，ニュージーランド，インドを加えた東アジア包括的経済連携（CEPEA）を提案した。第12章でみたように，ASEAN＋3で2005年12月に第1回首脳会合が開催された東アジアサミット（EAS）

には，第2回（2007年1月）からインド，オーストラリア，ニュージーランドが，第6回（2011年11月）からアメリカとロシアが加わる形となった。

日本とインドやオーストラリアとの協力に先鞭を付けたのは第一次安倍晋三政権であった。短命に終わったことや相手国が必ずしも乗り気でなかったことで一旦は挫折したものの，その後の各政権でもオーストラリアとの協力は模索され，現在では「準同盟」と位置付けられるまでになっている（佐竹 2022b）。また，インドを含めた協力は第二次安倍政権で「QUAD（日米豪印協力）」として定着した。3か国以上の比較的少数の国家間協力は「ミニラテラリズム」と呼ばれるが，QUADはその典型である。

日中両国によるアジア地域主義構想が提起される一方で，2000年代末にはアメリカも加わる形のメガFTA構想も提起された。環太平洋パートナーシップ（TPP）である。ブルネイ，チリ，ニュージーランド，シンガポール4か国のFTAをベースとして，アメリカ，ペルー，ベトナム，オーストラリアが加わる形で交渉がはじまった。その後，マレーシア，メキシコ，カナダ，そして日本も参加して交渉は本格化した。

（2）　台頭する中国といかに向き合うか

TPPは自由化率も高く，カバーする領域も広範な，いわゆる先進国型のFTAである。ASEANからの参加国も限られ，中国も韓国も参加していない。経済面に加えて戦略的な観点から，TPPが期待と懸念を集めた所以である。

2010年にGDPで日本を抜いた中国は，その前後から経済力を背景の一つとして国際的な影響力を拡大させていた。ユーラシア大陸の周辺地域や資源産出国には援助攻勢がかけられ，国際的な援助行政にも影響を与えている。そして，国連をはじめとした国際機関内で各種のポストを獲得するだけでなく，自らが主導する国際機関としてアジアインフラ投資銀行（AIIB）を設立した。さらに周辺国と様々な摩擦を生みながらも海洋進出が続けられ，核戦力の増強も進んだ。

こうした中国の動きに対して，アメリカの対中政策はオバマ政権末期から徐々に見直しが進み，トランプ政権下で本格的な「米中対立」がはじまり，バイデン政権でも基本的な路線は踏襲されている（佐橋 2021）。

米中両国はかつての米ソとは異なり，経済的に相互依存関係にあり，その影響は世界中に及ぶ。相互依存が前提だからこそ，「デカップリング」や「ディリスキング」が話題となると理解する必要があるだろう。実際，米中対立下にも関わらず，米中両国間の貿易額は2022年に過去最高を記録している。米中対立は，安全保障と経済や先端技術が絡み合い，そこに人権問題等も重なる複雑な様相を呈していることを前提に，各国は対応を迫られているのである（米中対立の詳細は第13章参照）。AIIBに日本とアメリカは参加を見送った一方で，イギリスの参加表明を機に他の西欧諸国も加盟に動いたように，台頭する中国との向き合い方は必ずしも定まっていない。

（3） 日本に求められる役割

最後に，日本に求められる役割を考えることにしよう。本章ではここまで，政治面を中心に日本とアジアの関係性の変化をみてきた。経済面からみるとどうだろうか。

第二次世界大戦後を振り返ると，日本がまず担った役割は「援助の提供者」であった。賠償交渉と前後する形で，1954年，コモンウェルス（旧英連邦）諸国が推進した経済協力枠組みのコロンボ・プラン参加を皮切りに，アジア諸国からの研修員の受け入れや青年海外協力隊（現・

JICA 海外協力隊）の派遣がはじまった。

1970年代半ば頃からは，経済大国たる先進工業国として「アジア諸国への投資者」となり，技術や経営ノウハウの提供者としての立場を強めた。固定相場制が維持されていた1970年代初頭まで年間100億ドル程度だった日本の対外直接投資額は，プラザ合意後には年間600億ドル水準にまで増加した。製造業投資も増加し，工場建設と雇用，部材の売買による貿易の活性化，現地企業へのノウハウのスピルオーバー（波及効果）を通じて，地域の工業化を推進した。製造業部門が直接投資を通じて低コストの近隣国に移転する，「雁行形態」とも呼ばれるメカニズムがみられたのもこの時代であった。

21世紀に入り，新興国が成長する中で日本は新たな役割を模索する必要に迫られた。中国やインドネシアといった人口も大きな諸国が相次いで中所得国となり，アジアの中間層が新たな消費主体として注目を集めた。地域全体が「新興アジア」と呼ばれるにいたり，日本企業にとってもこの需要をいかに取り込むかが課題となった。同時に，新興国の研究開発水準も徐々に高まり，都市化と中間層の台頭が持続し，他方で少子高齢化も進展するという複雑なメガトレンドが進行している。日本はバブル崩壊後の停滞から抜け出せず，他の国々もやがて直面する成長率の停滞や少子高齢化といった課題に向き合いつつ，2010年代を迎えることとなった。

アジアの新興国でもハイテク産業が育ち，従来の役割を超えた役割を模索しつつ，一定の成果を得たのが2010年代の10年間であった。米中対立が激化する中で，地域の経済連携協定を主導しつつ，新興国の経済パートナーとしての地位を日本は追求した。この点を外交の観点から考えることにしよう。

国際社会で一定の役割を果たすためには，政権が安定するとともに主要な関係国との安定的な二国間関係が必要となる。2000年代前半の小泉純一郎政権はそれなりに安定していたが，アメリカとは良好な関係を築く一方で，中国や韓国とは難しい状況が続き，そもそも地域主義的な政策にはそれほど熱心ではなかった。その後の各政権はそれぞれに一定の地域的な関心や構想を掲げていたものの，いずれも短命政権であって政治的な推進力を欠いていた。

こうした状況を変えたのが第二次安倍政権の登場であった。短命に終わった第一次政権時の構想をアップデートしつつ再度掲げ，国家安全保障会議や TPP 政府対策本部を設置し，官邸主導外交の体制を整えた。また，中国の軍事的な台頭と尖閣諸島周辺をめぐる混乱等を背景に，冷戦期に定められた「基盤的防衛力構想」や武器輸出三原則の見直しといった，民主党政権下における安全保障面の施策も引き継がれた。

その安倍政権及び後継の各政権が一貫して追求したのが自由貿易体制の推進である。TPP は2016年２月に署名されたが，2017年１月のトランプ大統領就任とともにアメリカは離脱する。日本の交渉参加は若干遅れたものの，アメリカ離脱後に11か国による協定（TPP11／CPTPP）発効に向けて尽力した。TPP 交渉からのアメリカの離脱や，国民投票でイギリスの EU からの離脱（ブレグジット）が多数を占めるなど国際主義が退潮する中で，日本は自由貿易の旗振り役となった。CPTPP 署名後には，並行して交渉が進められていた EU との経済連携協定が2018年７月に，地域的な包括的経済連携協定（RCEP）が2020年11月にそれぞれ署名された。RCEP によって，日本は中国及び韓国とも経済連携協定を結ぶ関係となった。

第13章でもみたように，第二次安倍政権は TPP 交渉を進めつつ，「自由で開かれたインド太平洋（FOIP）」を外交構想として提起し，さらに QUAD をリードした。集団的自衛権の限定的行使を含む平和安全法制（安保法制）と併せれば，アメリカとの関係を基軸とする点は揺らがないが，ASEANの中心性を認め，そこに北東アジアの国々が加わるという形が相対化されているとみることができる。この間，一定の関係を維持しつつも中国は牽制対象であり，韓国とは歴史認識問題をめぐって難しい状況が続いた。他方で協力が著しく深化したのが，オーストラリアやインド，そして西欧諸国との関係であった。

異質な国家間のグローバルな相互依存という状況は，ロシアのウクライナ侵攻によってその影響が明瞭となった。日本はＧ７の一員としての立場を明確にしている。他方で，インドは従来からロシアとの関係が深かったこともあり，制裁には加わらず，市場価格から割り引く形でエネルギー資源を輸入するなど独自の路線を採っている。ASEAN諸国の対応は割れている。台湾有事ともなれば，その影響はロシアのウクライナ侵攻とは桁違いとなる。政治・経済・安全保障の各領域で中国の台頭にどのように向き合うかは，日本のみならず世界的な課題である。

日本の安全保障が日米同盟によって支えられている以上，米中対立をめぐって「アメリカか中国か」は選択肢となり得ない。他方で，中国は隣国であり，最大の貿易相手国でもある。アメリカとの関係を基軸としつつも，利害を共有する国々と協力の輪を広げ，中国とは一定の関係を維持・強化するというのが2010年代の日本の歩みであった。その際，国家安全保障戦略を策定して目指すべき方向性を示し，外交構想として提起したFOIPが国際的にも波及したことは，従来の日本外交にはない第二次安倍政権の特徴であった。相対的な国力が低下し，新興アジアに囲まれる中で，自らにとって望ましい国際秩序を明示し，その実現のための努力を地道に積み重ねることがこれまで以上に求められている。

参考文献

●和文は五十音順。欧文はアルファベット順に配列。

青木昌彦・金瀅基・奥野（藤原）正寛編（1997）『東アジアの経済発展と政府の役割―比較制度分析アプローチ』日本経済新聞社。

明石純一（2020）『人の国際移動は管理されうるのか―移民をめぐる秩序形成とガバナンス構築』ミネルヴァ書房。

アジア開発銀行（澤田康幸監訳）（2021）『アジア開発史―政策・市場・技術発展の50年を振り返る』勁草書房。

アリソン，グレアム（藤原朝子訳）（2017）『米中戦争前夜―新旧大国を衝突させる歴史の法則と回避のシナリオ』ダイヤモンド社。

有馬純（2022）「COP27について」国際環境経済研究所 HP，2022年11月28日寄稿。

アンダーソン，ベネディクト（糟谷啓介他訳）（2005）『比較の亡霊―ナショナリズム・東南アジア・世界』作品社。

アンダーソン，ベネディクト（白石隆他訳）（2007）『定本　想像の共同体―ナショナリズムの起源と流行』書籍工房早山。

安藤光代・スヴェン W. アーント・木村福成（2008）「東アジアにおける生産ネットワーク―日本企業と米国企業の戦略的行動」深尾京司・日本経済研究センター編『日本企業の東アジア戦略―米欧アジア企業との国際比較』日本経済新聞出版社。

伊藤亜聖（2020）『デジタル化する新興国―先進国を超えるか，監視社会の到来か』中公新書。

猪俣哲史（2019）『グローバル・バリューチェーン―新・南北問題へのまなざし』日本経済新聞出版社。

岩崎育夫（2009）『アジア政治とは何か―開発・民主化・民主主義再考』中央公論新社。

ウェーバー，マックス（2009）『職業としての政治／職業としての学問』日経 BP 社。

大泉啓一郎（2007）『老いてゆくアジア―繁栄の構図が変わるとき』中公新書。

大泉啓一郎（2017）「「タイランド 4.0」とは何か（前編）―高成長路線に舵を切るタイ」『環太平洋ビジネス情報 RIM』Vol.17 No.66。

大泉啓一郎（2018）「老いるアジア」『現代アジア経済論―「アジアの世紀」を学ぶ』有斐閣。

大泉啓一郎（2021）「コロナ後の経済のデジタル化を見据えて」亜細亜大学アジア研究所『所報』第182号。

大泉啓一郎・伊藤亜聖・金成垣（2021）「アジア経済社会のデジタル化をどう捉えるか？―発展戦略・経済統合・労働市場・行政サービス」『アジア研究所紀要』第48号。
大野健一（2013）『産業政策のつくり方―アジアのベストプラクティスに学ぶ』有斐閣。
大西裕（2014）『先進国・韓国の憂鬱―少子高齢化，経済格差，グローバル化』中公新書。
大庭三枝（2014）『重層的地域としてのアジア―対立と共存の構図』有斐閣。
岡本正明（2015）『暴力と適応の政治学―インドネシア民主化と安定の地方構造』京都大学出版会。
岡本正明（2019）「ポスト・トゥルース時代の政治の始まり―ビッグデータ，そしてAI」ジェトロ・アジア経済研究所 HP・IDE スクエア「世界を見る眼」欄。
落合直之（2019）『フィリピン・ミンダナオ平和と開発―信頼がつなぐ和平の道程』佐伯コミュニケーションズ。
ガーシェンクロン，アレクサンダー（絵所秀紀ほか訳）（2005）『後発工業国の経済史―キャッチアップ型工業化論』ミネルヴァ書房。
カースルズ，S.／M・J・ミラー（関根政美他訳）（2011）『国際移民の時代［第4版］』名古屋大学出版会。
ガーランド，ディビッド（小田透訳）（2021）『福祉国家―救貧法の時代からポスト工業社会へ』白水社。
梶原弘和著・拓殖大学アジア情報センター編（2016）『東アジア長期経済統計　3 労働力』勁草書房。
片田さおり（三浦秀之訳）（2022）『日本の地形学戦略―アジア太平洋の新たな政治経済力学』日本経済新聞社。
カッツェンスタイン，ピーター（光辻克馬他訳）（2012）『世界政治と地域主義―世界の上のアメリカ，ヨーロッパの中のドイツ，アジアの横の日本』書籍工房早山。
蟹江憲史（2020）『SDGs（持続可能な開発目標）』中公新書。
加茂具樹（編）（2023）『中国は「力」をどう使うのか―支配と発展の持続と増大するパワー』一藝社。
川上桃子（2012）『圧縮された産業発展―台湾ノートパソコン企業の成長メカニズム』名古屋大学出版会。
川上桃子（2020）「米中ハイテク覇権競争と台湾半導体産業―『二つの磁場』のもとで」『UP plus アフターコロナ時代の米中関係と世界秩序』東京大学出版会。
関志雄（2013）『中国二つの罠―待ち受ける歴史的転機』日経 BP マーケティング。
北岡伸一（2020）『明治維新の意味』新潮社。

木村福成（2003）「国際貿易理論の新たな潮流と東アジア」『国際金融研究所報』 第14号。

キャンベル，カート（村井浩紀訳）（2017）『THE PIVOT―アメリカのアジア・シフト』日本経済新聞出版社。

金昌男・文大宇著・拓殖大学アジア情報センター編（2006）『東アジア長期経済統計 別巻１　韓国』勁草書房。

倉沢愛子（2020）『インドネシア大虐殺―二つのクーデターと史上最大級の惨劇』中公新書。

経済協力開発機構（1980）『新興工業国の挑戦―OECD レポート』東洋経済新報社。

ケネディ，ポール（山本文史訳）（2020）『イギリス海上覇権の盛衰―シーパワーの形成と発展』中央公論新社。

高坂正堯（1999）「国際関係における異質論」高坂正堯著作集刊行会編『高坂正堯著作集〈第５巻〉文明が衰亡するとき』都市出版。

小島清（2003）『雁行型経済発展論　第一巻　日本経済・アジア経済・世界経済』文眞堂。

斎藤修（2013）「近世 - 近代比較経済発展論―アジアとヨーロッパ，アジアと日本」秋田茂編『アジアからみたグローバルヒストリー―「長期の18世紀」から「東アジアの経済的再興」へ』ミネルヴァ書房。

蔡昉（2019）『現代中国経済入門―人口ボーナスから改革ボーナスへ 』 東京大学出版会。

佐竹知彦（2022a）「豪州の対中政策とインド太平洋」 竹中治堅編『「強国」 中国と対峙するインド太平洋諸国』千倉書房。

佐竹知彦（2022b）『日豪の安全保障協力―「距離の先制」を越えて』勁草書房。

貞好康志（2016）『華人のインドネシア現代史―はるかな国民統合への道』木犀社。

佐橋亮（編）（2020）『冷戦後の東アジア秩序―秩序形成をめぐる各国の構想』 勁草書房。

佐橋亮（2021）『米中対立―アメリカの戦略転換と分断される世界』中公新書。

ジェトロ（2022a）「インド政府，COP27での「損失と損害」 基金設立の歓迎表明」日本貿易振興機構（ジェトロ）ビジネス短信2022年11月25日記事。

ジェトロ（2022b）「デジタル化や脱炭素に，日系企業は（タイ） 最新の日系企業実態調査から」地域・分析レポート，2022年３月25日記事。

ジェトロ（2023）「韓国，2022年の合計特殊出生率が過去最低の0.78に」日本貿易振興機構（ジェトロ）ビジネス短信，2023年02月27日記事。

篠崎香織（2017）『プラナカンの誕生―海峡植民地ペナンの華人と政治参加』九州大

学出版会。
篠原一（2004）『市民の政治学―討議デモクラシーとは何か』岩波書店。
白石隆（2016）『海洋アジア vs. 大陸アジア―日本の国家戦略を考える』ミネルヴァ書房。
白鳥潤一郎（2018）「「価値」をめぐる模索―冷戦後日本外交の新局面」『国際安全保障』第45巻第4号。
ジョンソン，チャルマーズ（佐々田博教訳）（2018）『通産省と日本の奇跡―産業政策の発展1925-1975』勁草書房。
末廣昭（2000）『キャッチアップ型工業化論―アジア経済の奇跡と展望』名古屋大学出版会。
末廣昭（編）（2010）『東アジア福祉システムの展望―7か国・地域の企業福祉と社会保障制度』ミネルヴァ書房。
末廣昭（2014）『新興アジア経済論―キャッチアップを超えて』岩波書店。
菅原友香（2021）「世界の健康寿命」金子隆一・石井太編著『長寿・健康の人口学 人口学ライブラリー 21』原書房。
杉原薫（1996）『アジア間貿易の形成と構造』ミネルヴァ書房。
杉原薫（2020）『世界史のなかの東アジアの奇跡』名古屋大学出版会。
スコット，ジェームス（高橋彰訳）（1999）『モーラル・エコノミー―東南アジアの農民叛乱と生存維持』勁草書房。
鈴木一人（2022）「検証エコノミック・ステイトクラフト」『国際政治』第205号。
鈴木早苗（2021）「ASEANのインド太平洋構想（AOIP）の策定過程」国際問題研究所「研究レポート」（https://www.jiia.or.jp/research-report/indo-pacific-fy2021-02.html）。
スティグリッツ，ジョセフ（鈴木主税訳）（2002）『世界を不幸にしたグローバリズムの正体』徳間書店。
スミス，アダム（村井章子他訳）（2014）『道徳感情論』日経BP社。
世界銀行（白鳥正喜監訳）（1994）『東アジアの奇跡―経済成長と政府の役割』東洋経済新報社。
世界銀行（田村勝省訳）（2016）『世界開発報告 2016　デジタル化がもたらす恩恵』一灯舎。
関満博（1991）『地域中小企業の構造調整―大都市工業と地方工業』新評論。
添谷芳秀（2017）『日本の外交―「戦後」を読みとく』ちくま新書。
高木佑輔（2023）「新興アジア諸国の台頭」木畑洋一・中野聡編『岩波講座世界歴史 23　冷戦と脱植民地化Ⅱ　20世紀後半』岩波書店。

竹中治堅（2022）「「自由で開かれたインド太平洋」構想と日本の統治機構」竹中治堅（編）『「強国」中国と対峙するインド太平洋諸国』千倉書房。
田中明彦（2007）『日本の現代〈2〉アジアのなかの日本』NTT 出版。
中小企業庁（編）（2019）『中小企業白書 2019年版　令和時代の中小企業の活躍に向けて』中小企業庁。
恒川惠市（2023）『新興国は世界を変えるか―29ヵ国の経済・民主化・軍事行動』中公新書。
寺田匡宏／ダニエル・ナイルズ（2021）「人新世（アンソロポシーン）をどう考えるか―環境をめぐる超長期的時間概念の出現とグローバルな地球システム科学ネットワークの展開」寺田匡宏／ダニエル・ナイルズ編著『人新世を問う　環境，人文，アジアの視点』京都大学学術出版会。
東京大学社会科学研究所（1998）『20世紀システム 4　開発主義』東京大学出版会。
戸堂康之（2015）『開発経済学入門』新世社。
トラン・ヴァン・トウ／苅込俊二（2019）『中所得国の罠と中国・ASEAN』勁草書房。
ネグロポンテ，ニコラス（福岡洋一訳）（1995）『ビーイングデジタル』アスキー。
ハーシュマン，A・O.（矢野修一訳）（2005）『離脱・発言・忠誠―企業・組織・国家における衰退への反応』ミネルヴァ書房。
パディア，A. ／N・カチャノフスキー（藪下史郎他訳）（2016）「雇用ビザ―国際比較」ベンジャミン・パウエル編『移民の経済学』東洋経済新報社。
羽田正（2017）『東インド会社とアジアの海』講談社学術文庫。
ハミルトン，C.（山岡鉄秀監訳）（2020）『目に見えぬ侵略―中国のオーストラリア支配計画』飛鳥新社。
速水佑次郎（1995）『開発経済学―諸国民の貧困と富』創文社。
ハルパー，ステファン（園田茂人他訳）（2011）『北京コンセンサス―中国流が世界を動かす？』岩波書店。
ハレル，アンドリュー（菅英輝他訳）（1999）「地域主義の理論」A・ハレル，L・フォーセット（編）『地域主義と国際秩序』九州大学出版会。
バロー，ロバート（大住圭介・大阪仁訳）（2001）『経済成長の決定要因　クロス・カントリー実証研究』九州大学出版会。
ハンチントン，サミュエル（坪郷実他訳）（1995）『第三の波―20世紀後半の民主化』三嶺書房。
弘末雅士（2004）『東南アジアの港市世界』岩波書店。
フォーセット，ルイーズ（菅英輝他訳）（1999）「地域主義の歴史」A・ハレル，L・

フォーセット（編）『地域主義と国際秩序』九州大学出版会。
フクヤマ，フランシス（会田弘継訳）(2013)『政治の起源―人類以前からフランス革命まで』講談社。
フクヤマ，フランシス（会田弘継訳）(2018)『政治の衰退―フランス革命から民主主義の未来へ』講談社。
藤本隆宏（2003)『能力構築競争　日本の自動車産業はなぜ強いのか』中公新書。
船橋洋一（1995)『アジア太平洋フュージョン―APECと日本』中央公論社。
古田元夫（1996)『アジアのナショナリズム』山川出版社。
ブレマー，イアン（有賀裕子訳）(2011)『自由市場の終焉―国家資本主義とどう闘うか』日本経済新聞出版社。
ボールドウィン，リチャード（遠藤真美訳）(2018)『世界経済大いなる収斂―ITがもたらす新次元のグローバリゼーション』日本経済新聞出版社。
保城広至（2008)『アジア地域主義外交の行方 1952～1966』木鐸社。
ポメランツ，ケネス（川北稔訳）(2015)『大分岐―中国，ヨーロッパ，そして近代世界経済の形成』名古屋大学出版会。
ポラニー，カール（野口建彦他訳）(2009)『大転換』東洋経済新報社。
本名純（2013)『民主化のパラドックス―インドネシアにみるアジア政治の深層』岩波書店。
増田寛也編著（2014)『地方消滅 東京一極集中が招く人口急減』中公新書。
松本充豊（2022)「中国のエコノミック・ステイトクラフトと台湾―「恵台政策」における観光客の送出しの事例分析」『国際政治』第205号。
三谷太一郎（2009)『ウォール・ストリートと極東―政治における国際金融資』東京大学出版会。
宮城大蔵（2009)「戦後アジア国際政治史」日本国際政治学会（編）『日本の国際政治学　4　歴史の中の国際政治』有斐閣。
宮城大蔵（編）(2015)『戦後日本のアジア外交』ミネルヴァ書房。
宮城大蔵（2016)『現代日本外交史―冷戦後の模索，首相たちの決断』中公新書。
ムーア，バリントン（宮崎隆次ほか訳）(2019)『独裁と民主主義の社会的起源』上下巻，岩波文庫。
文大宇（著）・拓殖大学アジア情報センター（編）(2002)『東アジア長期経済統計　別巻2　台湾』勁草書房。
ヤーギン，ダニエル／ジョセフ・スタニスロー（山岡洋一訳）(2001)『市場対国家―世界を作り変える歴史的攻防』日経ビジネス文庫。
山影進（1991)『ASEAN―シンボルからシステムへ』東京大学出版会。

吉岡英美（2010）『韓国の工業化と半導体産業―世界市場におけるサムスン電子の発展』有斐閣。

吉田茂（1999）『日本を決定した百年』中公文庫。

吉冨勝（2003）『アジア経済の真実―奇蹟，危機，制度の進化』東洋経済新報社。

リーソン，P・T／ザッカリ・ゴチェノアー（藪下史郎ほか訳）（2016）「国際労働移動の経済効果」ベンジャミン・パウエル編『移民の経済学』東洋経済新報社。

リード，アンソニー（太田淳ほか訳）（2021）『世界史のなかの東南アジア―歴史を変える交差路』上下巻，名古屋大学出版会。

リンス，ホワン（横田正顕訳）（2020）『民主体制の崩壊―危機・崩壊・再均衡』岩波文庫。

林毅夫・蔡昉・李周（渡辺利夫ほか訳）（1997）『中国経済の発展』日本評論社。

ロストウ，W・W（木村健康ほか訳）（1961）『経済成長の諸段階――一つの非共産主義宣言』ダイヤモンド社。

渡辺利夫（1999）「アジア化するアジア―危機の向こうに見えるもの」『中央公論』第114巻第6号。

渡辺幸男（1997）『日本機械工業の社会的分業構造』有斐閣。

Amsden, Alice (1989) *Asia's Next Giant: South Korea And Late Industrialization.* Oxford: Oxford University Press.

Arntz, Melanie, Terry Gregory and Ulrich Zierahn (2016) "The Risk of Automation for Jobs in OECD Countries: A Comparative Analysis," OECD Social, Employment and Migration Working Papers, No. 189, Paris: OECD Publishing.

Baldwin, Richard (2007) "Managing the Noodle Bowl: The Fragility of East Asian Regionalism," *ADB Working Paper Series on Regional Economic Integration*, No. 7. Asian Development Bank.

Beckley, Michael, and Hal Brands (2021) "The End of China's Rise: Beijing Is Running Out of Time to Remake the World." *Foreign Affairs*, October 1st, 2021.

Bloom, David, and Jeffrey Williamson (1998) "Demographic transitions and economic miracles in emerging Asia." *The World Bank Economic Review* 12(3): pp. 419-455.

Bolt, Jutta, Robert Inklaar, Herman de Jong and Jan Luiten van Zanden (2018), "Rebasing 'Maddison': new income comparisons and the shape of long-run economic development", Maddison Project Working paper 10.

Brands, Hal (2014) *What Good Is Grand Strategy?: Power and Purpose in American Statecraft from Harry S. Truman to George W. Bush*, Ithaca: Cornell University Press.

Coppedge, Michael, John Gerring, Carl Henrik Knutsen, et al. (2022) "V-Dem Dataset v12" Varieties of Democracy (V-Dem) Project.

Dollar, David, Emmanuelle Ganne, Victor Stolzenburg, and Zhi Wang eds. (2019) *Global Value Chain Development Report 2019: Technological innovation, supply chain trade, and workers in a globalized world*, Asian Development Bank.

Doner, Richard, Ritchie B K., and Dan Slater (2005) "Systemic Vulnerability and the Origins of the Developmental States: Northeast and Southeast Asia in Comparative Perspective" *International Organization* 59(2), pp. 327-361.

Doner, Richard, and Ben Ross Schneider (2016) "The middle-income trap: More politics than economics." *World Politics*, 68.4: pp. 608-644.

Doshi, Rush (2021) *The Long Game: China's Grand Strategy to Displace American Order*. Oxford: Oxford University Press.

Evans, Peter (1995) *Embedded Autonomy: States and Industrial Transformation*. Princeton: Princeton University Press.

Feenstra, Robert C., Robert Inklaar and Marcel P. Timmer (2015), "The Next Generation of the Penn World Table" *American Economic Review*, 105(10), pp. 3150-3182.

Freedom House (2018) "Freedom on the Net 2018: The Rise of Digital Authoritarianism", the Freedom House, 2018.

Frey, Carl Benedikt and Michael A. Osborne (2013) "The Future of Employment: How Susceptible are Jobs to Computerization?," Oxford Martin Programme on Technology and Employment, Working Paper.

Friedberg, Aaron L. (2022) "The Growing Rivalry Between America and China and the Future of Globalization," *Texas National Security Review*, 5(1), pp. 95-119.

Fujita, Masahisa and Takatoshi Tabuchi (1997) "Regional growth in postwar Japan" *Regional Science and Urban Economics*, 27: pp. 643-670.

Gill, Indermit, and Homi Kharas (2007) *An East Asian Renaissance: Ideas for Economic Growth*, Washington: The World Bank.

Gill, Indermit, and Homi Kharas (2015) "The middle-income trap turns ten", World Bank Policy Research Working Paper 7403.

Golay, Frank H. et al. (1969) *Underdevelopment and economic nationalism in Southeast Asia*, Ithaca; Cornell University Press.

Green, Michael J. (2022), *Line of Advantage: Japan's Grand Strategy in the Era of Abe Shinzō*, Columbia University Press.

Hall, Peter A. and Soskice D. eds. (2001) *Varieties of Capitalism: The Institutional Foundations of Comparative Advantage*. Oxford: Oxford University Press.

Heilmann, Sebastian (2018) *Red Swan: How unorthodox policy-making facilitated China's rise*. The Chinese University of Hong Kong Press.

Huntington, Samuel (2006) *Political Order in Changing Societies*. New Heaven: Yale University Press.

IGBP (International Geosphere-Biosphere Program) (2015) "Great Acceleration," IGBPウェブページ，2022年3月23日閲覧。

International Telecommunication Union (1985) *The Missing Link: Report of the Independent Commission for World Wide Telecommunications Development*, International Telecom Union.

Jefferson, Gary (2021) "China and the US: Technology Conflict or Cooperation," in Erik Baark, Bert Hofman, and Jiwei Qian eds. *Innovation and China's Global Emergence*, NUS Press, pp. 41-64.

Johnson, Paul, and Chris Papageorgiou (2020) "What Remains of Cross-Country Convergence?," Journal of Economic Literature, 58(1), pp. 129-175.

Kang, David (2002) *Crony Capitalism: Corruption and Development in South Korea and the Philippines*, Cambridge University Press.

Katzenstein, P. J. and Takashi Shiraishi eds. (1997) *Network Power: Japan and Asia*. Cornell University Press.

Kohli, S. Harinder, Ashok Sharma, and Anil Sood (2011) *Asia 2050: Realizing the Asian Century*, Asian Development Bank.

Lee, Hsien Loong (2020) "The Endangered Asian Century: America, China, and the Perils of Confrontation", *Foreign Affairs*, Vol.99 No.4, pp. 52-64.

Li, Hongbin, and Li-An Zhou (2005) "Political turnover and economic performance: the incentive role of personnel control in China." *Journal of Public Economics*, 89(9-10): pp. 1743-1762.

Moore, Gordon (1965) "Cramming more components onto integrated circuits," *Electronics*, Volume 38, Number 8, April 19, pp. 114-117.

OECD (2021) Economic Outlook for the Southeast Asia, China and India 2021,

Reallocating Resource for Digitalization, OECD Publishing.

Silove, Nina (2016) "The Pivot before the Pivot: U.S. Strategy to Preserve the Power Balance in Asia," *International Security*, Vol. 40, No. 4 (Spring), pp. 45-88.

Steffen, Will, et al. (2015a) "The trajectory of the Anthropocene: the great acceleration." *The Anthropocene Review*, 2(1), pp. 81-98.

Steffen, Will, et al (2015b) "Planetary boundaries: Guiding human development on a changing planet," *Science*, Volume 347(6223).

Takagi, Yusuke (2017) "Policy coalitions and ambitious politicians: A case study on the Philippine social policy reform," *Philippine Political Science Journal*, 38 (1), pp. 28-47.

Teorell, Jan, Aksel Sundström, Sören Holmberg, Bo Rothstein, Natalia Alvarado Pachon & Cem Mert Dalli (2022) *The Quality of Government Standard Dataset*. University of Gothenburg: The Quality of Government Institute.

Tilly, Charles (1992) *Coercion, Capital, and European States, AD 990-1992*. Cambridge: Blackwell.

Tsunekawa, Keiichi (2019), "Globalization and the Emerging State: Past Advance and Future Challenges", *Emerging States and Economies: Their Origins, Drivers, and Challenges Ahead* (eds.) T. Shiraishi and T. Sonobe, Singapore: Springer.

Wang, Zhi, Qinghua Zhang, and Li-An Zhou (2020) "Career incentives of city leaders and urban spatial expansion in China." *Review of Economics and Statistics*, 102(5): pp. 897-911.

World Bank (2019) *World Development Report 2019: Changing Nature of Work*, Washington, DC: World Bank.

World Bank (2020) *East Asia and Pacific in the Time of COVID-19*, World Bank East Asia Pacific Economic Update (April 2020), Washington, DC: World Bank.

World Bank (2021) "Uneven Recovery" East Asia and Pacific Economic Update (April), Washington, DC: World Bank.

World Bank (2021) *Migration and Development Brief 35: Recovery; COVID-19 Crisis Through a Migration Lens*. World Bank.

World Bank, UNESCO and UNICEF (2021). The State of the Global Education Crisis: A Path to Recovery. Washington D.C., Paris, New York: The World Bank, UNESCO, and UNICEF.

Xing, Yuqing, Elisabetta Gentile, and David Dollar eds. (2021) *Global Value Chain Report 2021: Beyond Production*, Asian Development Bank.

Yeung, Henry Wai-chung (2016). *Strategic Coupling: East Asian Industrial Transformation in the New Global Economy*. Cornell University Press.

索引

● 〈別〉は別の表現を示し，＊は人名を示す。

◇欧文〈アルファベット順〉

◇和文〈五十音順〉

●あ 行

●か　行

●さ　行

●た　行

●な　行

●は　行

●ま　行

●や　行

●ら　行

●わ　行

分担執筆者紹介

白鳥潤一郎（しらとり・じゅんいちろう）

・執筆章→15

1983年　静岡県に生まれる
2006年　慶應義塾大学法学部卒業
2013年　慶應義塾大学大学院法学研究科後期博士課程修了，博士（法学）
　　　　日本学術振興会特別研究員（DC2），北海道大学大学院法学研究科講師，立教大学法学部助教等を経て
現在　　放送大学教養学部准教授
専攻　　国際政治学，日本政治外交史
主な著書　『「経済大国」日本の外交――エネルギー資源外交の形成1967～1974年』（千倉書房，2015年）
　　　　『朝海浩一郎日記　付・吉田茂書翰』（共編著，千倉書房，2019年）
　　　　『平成の宰相たち――指導者たち16人の肖像』（共著，ミネルヴァ書房，2021年）
　　　　『世界の中の日本外交』（共著，放送大学教育振興会，2021年）
　　　　『現代の国際政治』（共編著，放送大学教育振興会，2022年）
　　　　『政治学入門』（共著，放送大学教育振興会，2022年）
　　　　『日本外交の論点〔新版〕』（共著，法律文化社，2024年）

編著者紹介

高木　佑輔（たかぎ・ゆうすけ）

・執筆章→1・2・3・4・5・8・10・12・13

1981年　群馬県に生まれる
2004年　慶應義塾大学法学部卒業
2010年　慶應義塾大学大学院法学研究科後期博士課程単位取得退学，博士（法学，2014年取得）
日本学術振興会特別研究員（DC2），デラサール大学国際研究科専任講師等を経て
現在　政策研究大学院大学准教授
専攻　政治学，地域研究（東南アジア）
主な著書　*Central Banking as State Building: Filipino Policymakers and their Nationalism, 1933-1962*, (Quezon City: Ateneo de Manila University Press, Singapore, NUS Press, Kyoto: Kyoto University Press, 2016).
Developmental State Building: The Politics of Emerging Economies（共編著，Springer Open, 2019).
"The politics of grand strategy in an emerging state: a case study on Philippine diplomacy toward China" *Journal of Contemporary East Asia Studies* 11(2), 2023, pp. 329-345.
"Technocracy and Populism in the Philippines" Magnus Feldmann and Glenn Morgan eds. *Business and Populism: The Odd Couple?*（分担執筆，Oxford: Oxford University Press, 2023).

伊藤　亜聖（いとう・あせい）

・執筆章→1・2・3・5・6・7・9・11・13・14

1984年　東京都に生まれる
2006年　慶應義塾大学経済学部卒業
2012年　慶應義塾大学大学院経済学研究科後期博士課程単位取得退学，博士（経済学，2014年取得）
日本学術振興会特別研究員（DC2），人間文化研究機構研究員・東京大学社会科学研究所特任助教を経て
現在　東京大学社会科学研究所准教授
専攻　中国経済
主な著書　『現代中国の産業集積――「世界の工場」とボトムアップ型経済発展』（名古屋大学出版，2015年）
『現代アジア経済論「アジアの世紀」を学ぶ』（共編著，有斐閣，2018年）
『デジタル化する新興国　先進国を超えるか，監視社会の到来か』（中公新書，2020年）

放送大学教材　1539604-1-2411（ラジオ）

新興アジアの政治と経済

発　行　　2024年３月20日　第１刷
編著者　　高木佑輔・伊藤亜聖
発行所　　一般財団法人　放送大学教育振興会
　　　　　〒105-0001　東京都港区虎ノ門1-14-1　郵政福祉琴平ビル
　　　　　電話　03（3502）2750

市販用は放送大学教材と同じ内容です。定価はカバーに表示してあります。
落丁本・乱丁本はお取り替えいたします。

Printed in Japan　ISBN978-4-595-32472-7　C1331

【放送スケジュール】

<table>
<tr><td rowspan="3">第1学期</td><td rowspan="3">4月1日～9月30日</td><td>授業期間</td><td>15週間</td></tr>
<tr><td>(連休学習期間)</td><td rowspan="2"></td></tr>
<tr><td>夏期学習期間</td></tr>
<tr><td rowspan="3">第2学期</td><td rowspan="3">10月1日～3月31日</td><td>授業期間</td><td>15週間</td></tr>
<tr><td>(年末･年始学習期間)</td><td rowspan="2"></td></tr>
<tr><td>冬期学習期間</td></tr>
</table>

授業期間

授業番組を毎週1回、全15回放送します。

連休学習期間

通常の授業をお休みし、本年度から新しく開設した科目を中心に再放送します。

夏期学習期間

復習や次学期の科目選びの参考となるよう、一部の科目を再放送します。

年末・年始学習期間

通常の授業をお休みし、復習に役立つよう一部の科目を再放送します。

冬期学習期間

復習や次学期の科目選びの参考となるよう、一部の科目を再放送します。

【受信方法】

BS放送

テレビ番組:231ch(232ch)
ラジオ番組:531ch

CATV

放送大学の番組を放送しているケーブルテレビ会社

◆放送時間、受信方法については放送大学ウェブサイトでもご案内しています。

https://www.ouj.ac.jp

ISBN978-4-595-32472-7
C1331 ¥2800E
定価：3,080 円
(本体 2,800 円＋税 10%)

発行所　放送大学教育振興会
発売所　NHK 出版

9784595324727

1921331028008

新興アジアの政治と経済

一般財団法人 放送大学教育振興会

ne Open University of Japan

[三訂版]

健康長寿のためのスポートロジー

田城孝雄　放送大学教授

内藤久士　放送大学客員教授
順天堂大学大学院教授

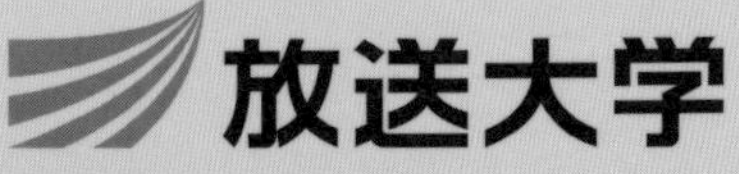

放送大学教材 1710257-1-2411